Inhaltsverzeichnis (2)

Maklervertrag 70–75
Eckpfeiler des Kreditsicherungsrechts 76–78
Bürgschaft 79–85
Vergleich 86, 87
Schuldversprechen, Schuldanerkenntnis, Tatsachenanerkenntnis 88, 89

AF549500

Inhaltsverzeichnis (1)

Gesetzliche Regelung des Darlehensvertrags 1
Gelddarlehen 2–6
Verbraucherdarlehen (§§ 491–505e), entgeltliche Finanzierungshilfen (§§ 506–508) und Ratenlieferungsverträge (§ 510) 7–17
Sachdarlehen 18
Schenkung 19–27
Mietvertrag 28–31
Mängelanspruch des Mieters 32–35
Anwendung allgemeiner Regeln bei Pflichtverletzungen; Verjährungsregeln 36, 37
Zahlungspflicht bei Nichtgebrauch der Mietsache;Schutz der Mietparteien 38–41
Beendigung des Mietvertrags 42–45
Pachtvertrag 46
Leasing 47–49
Leihe 50–55
Dienstvertrag 56, 57
Behandlungsvertrag 58, 59
Reise 60–69

Beispiel Definition Hinweis/Beachte Merke Streit Struktur/Prüfungsaufbau

Gesetzliche Regelung des Darlehensvertrags

Für das **Gelddarlehen** finden sich allgemeine Vorschriften in den **§§ 488–490**.
Für das **Verbraucherdarlehen** werden diese durch die **§§ 491–505e** ergänzt.

Im Sachzusammenhang mit dem Gelddarlehen stehen die **entgeltlichen Finanzierungshilfen** für Verbraucher (§§ 506–509), die **Ratenlieferungsverträge** an Verbraucher (§ 510) und Beratungsleistungen bei Immobiliar-Verbraucherdarlehensverträgen.

Das **Sachdarlehen** ist in den **§§ 607–609** geregelt.

Darlehen

Gelddarlehen, §§ 488–505e (§§ 512, 513)	**Sachdarlehen**, §§ 607–609
Allgemeine Regeln, §§ 488–490	
Verbraucherdarlehen, §§ 491–505e (§§ 512, 513)	

§§ ohne Gesetzesangabe sind solche des BGB.

Gelddarlehen (1)

I. Gelddarlehensvertrag entsteht durch Einigung

Der Darlehensgeber verpflichtet sich gem. **§ 488 I 1**, dem Darlehensnehmer einen **Geldbetrag** in der vereinbarten Höhe zur **Verfügung zu stellen**.

Der Darlehensnehmer verpflichtet sich gem. **§ 488 I 2**, einen geschuldeten **Zins zu zahlen** und das Darlehen bei Fälligkeit **zurückzugewähren**.

⚠ Die Verpflichtung zur Zahlung eines Zinses ist der gesetzliche Regelfall, es kann aber auch ein zinsloses Darlehen gewährt werden, § 488 III 3.

II. Wirksamkeit des Darlehensvertrags

Grundsätzlich **formfrei**. (Für Verbraucherdarlehensverträge ist gem. **§ 492 I 1 Schriftform** erforderlich.)

Nichtigkeit kann insbesondere aus § 138 folgen:

- **§ 138 II** setzt ein **auffälliges Missverhältnis** zwischen Leistung (Darlehensgewährung) und Gegenleistung (Zinszahlung) voraus. Ein Missverhältnis ist regelmäßig zu bejahen, wenn der Vertragszins den marktüblichen Zins um 100 % oder absolut um 12 Prozentpunkte übersteigt.
  Zusätzlich ist gem. § 138 II ein **Ausbeutungsmerkmal** erforderlich, welches im Zeitpunkt der Einigung beim Darlehensgeber vorgelegen haben muss. Die Ausbeutungsmerkmale sind häufig nicht feststellbar, das von § 138 I erfasste wucherähnliche Geschäft hat eine weitaus größere praktische Bedeutung.
- **Sittenwidrigkeit gem. § 138 I** (Fallgruppe des wucherähnlichen Geschäfts) setzt objektiv ein **auffälliges Missverhältnis** zwischen den Leistungen voraus sowie subjektiv eine **verwerfliche Gesinnung** des Kreditgebers.
  ⚠ Kreditgeber nutzt die schwächere Lage des anderen Teils bewusst aus oder verschließt sich leichtfertig der Erkenntnis, dass der Kreditnehmer nur wegen seiner schwächeren Position den Vertrag abschließt.

Gelddarlehen (2)

II. Wirksamkeit des Darlehensvertrags (Fortsetzung)

Bei einem besonders groben Missverhältnis besteht eine **tatsächliche Vermutung** für ein Handeln in verwerflicher Gesinnung.

- Rechtsfolge des § 138 I oder II: Der Darlehensvertrag ist **insgesamt nichtig.** Der **Rückzahlungsanspruch aus § 812 I 1 Alt. 1** wird bezüglich des Darlehenskapitals nicht durch § 817 S. 2 ausgeschlossen, weil nur die zeitweise Kapitalüberlassung, nicht das Kapital als solches Leistungsgegenstand ist.

  ⚠ Das **Darlehenskapital** muss bei dem Darlehensnehmer bis zu dem Zeitpunkt verbleiben, zu dem es bei Gültigkeit des Vertrages zurückzuzahlen wäre. Es können keine Zinsen verlangt werden, da der Darlehensvertrag nichtig ist und dem Anspruch aus §§ 812, 818 insoweit § 817 S. 2 entgegensteht.

III. Vertragspflichten und Pflichtverletzungen

1. Pflichten des Darlehensgebers:

   - Der Darlehensgeber ist gem. **§ 488 I 1** verpflichtet, dem Darlehensnehmer einen **Geldbetrag** in der vereinbarten Höhe **zur Verfügung zu stellen**.
   - Das Zurverfügungstellen an einen Dritten ist gem. §§ 362 II, 185 bei entsprechender Vereinbarung möglich.

     🔎 K kauft von V eine Eigentumswohnung. Mit der finanzierenden Bank vereinbart K, dass der Darlehensbetrag direkt auf das Konto des Verkäufers V überwiesen werden soll.
   - **Aufklärungspflichten** bestehen nur ausnahmsweise. Die kreditgebende Bank darf von den notwendigen Sachkenntnissen und Erfahrungen des Kunden ausgehen, soweit keine besonderen Umstände vorliegen.

     ⚠ Besondere Umstände liegen vor, wenn die Bank über die Rolle der Kreditgeberin hinausgeht, wenn sie einen Gefährdungstatbestand schafft, wenn sie in Interessenkonflikte verwickelt ist oder wenn sie einen konkreten Wissensvorsprung vor dem Darlehensnehmer hat und dies auch erkennen kann.

Gelddarlehen (3)

III. Vertragspflichten und Pflichtverletzungen (Fortsetzung)

2. Pflichtverletzungen des Darlehensgebers:
   - Wird die **Pflicht zur Auszahlung** verletzt, kann ein Anspruch auf Ersatz des Verzögerungsschadens nach §§ 280 I u. II, 286 sowie ein Anspruch auf Schadensersatz statt der Leistung nach §§ 280 I u. III, 281 bestehen. Nach § 323 besteht ein Rücktrittsrecht.

     ⚠ Nach Auszahlung wird das Rücktrittsrecht durch ein Kündigungsrecht gem. § 314 verdrängt.
   - Bei einer **Aufklärungspflichtverletzung** haftet der Darlehensgeber aus § 280 I.
3. Pflichten des Darlehensnehmers:
   - Der Darlehensnehmer ist gem. **§ 488 I 2** zur **Zahlung eines Zinses verpflichtet** (Ausnahme: § 488 III 3).
   - Aus dem Sinn und Zweck des Vertrages, insbesondere bei verzinslichen Darlehen, kann sich eine **Pflicht zur Abnahme** ergeben.
   - Die **Rückzahlung** erfolgt bei **Fälligkeit**. Ist kein bestimmter Zeitraum vereinbart worden, hängt die Fälligkeit gem. § 488 III 1 von der Kündigung einer Vertragspartei ab.
4. Pflichtverletzungen des Darlehensnehmers:
   - Bei der Verletzung einer **Abnahmepflicht** hat der Darlehensgeber einen Anspruch auf Schadensersatz aus §§ 280 I u. III, 281 oder §§ 281 I u. II, 286 und ein Rücktrittsrecht aus § 323.

Gelddarlehen (4)

IV. Beendigung des Darlehensvertrags

1. Ordentliche Kündigung unbefristeter Darlehensverträge gem. § 488 III:
   - Bei Gewährung eines Darlehens auf **unbestimmte Zeit** kann der Darlehensvertrag von **Darlehensgeber und -nehmer** durch **ordentliche Kündigung** mit einer Frist von drei Monaten beendet werden.
   - Bei **zinslosen** Darlehen kann die Vertragsbeendigung nach § 488 III 3 ohne vorherige Kündigung allein durch Rückerstattung herbeigeführt werden.
2. Ordentliche Kündigung durch den Darlehensnehmer gem. § 489:

   Der Darlehensnehmer kann gem. **§ 489** den Darlehensvertrag **ordentlich kündigen** und damit die Fälligkeit der Rückzahlungspflicht begründen.

   § 489 III: Unterbleibt die Darlehensrückzahlung innerhalb von zwei Wochen nach Wirksamwerden einer Kündigung gem. Abs. 1 oder Abs. 2, wird **fingiert**, dass die **Kündigung nicht erfolgt** ist.
3. Außerordentliche Kündigung durch den Darlehensgeber gem. § 490 I:
   - (Objektiver) Eintritt bzw. drohender Eintritt einer **wesentlichen Verschlechterung** der **Vermögensverhältnisse** des Darlehensnehmers oder der Werthaltigkeit einer für das Darlehen gestellten Sicherheit und
   - hierdurch entstehende **Gefährdung** des Rückzahlungsanspruchs des Darlehensgebers.

   Zeitliche Unterscheidung, ob die Kündigung:
   - **vor** Darlehensvalutierung erfolgt: Dann ist die außerordentliche Kündigung **„im Zweifel stets“** möglich; oder
   - **nach** Auszahlung des Darlehens erfolgt: Hier ist die außerordentliche Kündigung nur **„in der Regel“** möglich, was eine Gesamtwürdigung der jeweiligen Kündigungssituation erfordert.

Gelddarlehen (5)

IV. Beendigung des Darlehensvertrags (Fortsetzung)

4. Außerordentliche Kündigung durch den Darlehensnehmer gem. § 490 II:
   - **Außerordentliches Kündigungsrecht** des Darlehensnehmers nach § 490 II 1 u. 2 bei einem grundpfandrechtlich gesicherten festverzinslichen Darlehensvertrag.
   - Zum Ausgleich für das Kündigungsrecht hat der Darlehensnehmer dem Darlehensgeber denjenigen Schaden zu ersetzen, der diesem aus der vorzeitigen Kündigung entsteht **(Vorfälligkeitsentschädigung), § 490 II 3**.
5. Außerordentliche Kündigung gem. § 314 und Störung der Geschäftsgrundlage gem. § 313:
   - **§ 314** regelt die Kündigung eines Dauerschuldverhältnisses, somit auch eines Darlehensvertrages, für beide Parteien aus wichtigem Grund. Die Anwendbarkeit der Vorschrift neben § 490 ergibt sich ausdrücklich aus **§ 490 III**. § 490 ist allerdings Spezialregelung für die dort erfassten Sachverhalte und hat damit **Vorrang**.
   - **§ 490 III** stellt klar, dass auch eine Anpassung bzw. Kündigung über die Störung der Geschäftsgrundlage gem. **§ 313** möglich ist.
6. Ordentliche und außerordentliche Kündigung bei Gesamtschuld

   Kündigung kann grds. nur **einheitlich ggü. allen Darlehensnehmern als Gesamtschuldnern** erfolgen.
7. Verzögerte Rückzahlung

   Bei einer Rückzahlung nach Fälligkeit hat der Darlehensgeber keinen Anspruch auf den Vertragszins, ein Anspruch auf Zinsen wegen verspäteter Rückzahlung kann sich aber aus §§ 280 I u. II, 286 und § 288 ergeben.

Verbraucherdarlehen (§§ 491–505e), entgeltliche Finanzierungshilfen (§§ 506–508) und Ratenlieferungsverträge (§ 510) (1)

§§ 491–513

Verbraucherdarlehen, §§ 491–505e	entgeltliche Finanzierungshilfen, § 506	Ratenlieferungsverträge, § 510

Persönlicher Anwendungsbereich
Vertrag zwischen Unternehmer (§ 14) und Verbraucher (§ 13) oder Existenzgründer (§ 513)

sachlicher AWB, § 506	sachlicher AWB, § 506	sachlicher AWB, § 510
materiell-rechtliche Regelungen	**mat. Reg.**	**mat. Reg.**
§§ 491a–505, insbesondere ■ §§ 492, 494: Form, Vertragsinhalt ■ § 495: Widerrufsrecht	§ 506 I: Verweis auf ■ §§ 358–360 und ■ §§ 491a–502 mit Ausnahme § 492 IV	■ § 510 II: Widerrufsrecht ■ § 510 I: Form

§ 512: Unabdingbarkeit

Verbraucherdarlehen, entgeltliche Finanzierungshilfen und Ratenlieferungsverträge (2)

I. Persönlicher Anwendungsbereich

1. Unternehmer (§ 14):
   - Kennzeichnend für den **Unternehmer** ist, dass er bei Abschluss des Vertrags **in Ausübung seiner gewerblichen oder selbstständigen beruflichen Tätigkeit** handelt.
   - Auch die erstmalige Darlehensvergabe reicht zur Anwendung der §§ 491 ff. aus.
2. Verbraucher (§ 13) oder Existenzgründer (§ 513):
   - Als Verbraucher werden nur **natürliche Personen** geschützt.
   - Die **Gesellschaft bürgerlichen Rechts** ist Verbraucher, wenn der Vertragszweck nicht einer von ihr betriebenen gewerblichen oder selbstständigen beruflichen Tätigkeit dient.
   - Die §§ 491 ff. sind auch anwendbar, wenn der Kredit **privaten Zwecken** dient, obgleich der privat handelnde Unternehmer sonst gewerblich, beruflich oder kaufmännisch tätig ist.

     Ist eine Teilbarkeit nicht möglich, so ist auf den **überwiegenden Zweck** abzustellen.
   - **Zeitlich** ist der Zeitpunkt maßgeblich, in dem der Darlehensvertrag zustande kommt.
   - Bei Abschluss eines Darlehensvertrages mehrerer **gesamtschuldnerisch** haftender Personen ist die Anwendbarkeit der §§ 491 ff. für jeden Darlehensnehmer getrennt zu beurteilen.
   - Um ein **Existenzgründungsdarlehen** i.S.d. **§ 513 Hs. 1** handelt es sich, wenn der Verbraucher zwar bereits ein gewerbliches Unternehmen betreibt, die Darlehensmittel aber zum Aufbau einer neuen beruflichen Tätigkeit bestimmt sind, die mit der ersten nicht in Zusammenhang steht.

Verbraucherdarlehen, entgeltliche Finanzierungshilfen und Ratenlieferungsverträge (3)

I. Persönlicher Anwendungsbereich (Fortsetzung)

- Die §§ 491–512 sind gem. **§ 513 Hs. 2** nicht anwendbar, wenn der Nettodarlehensbetrag oder der Barzahlungspreis 75.000 € übersteigt.

  ⚠ Wird ein Betrag **von über 75.000 €** für ein einheitliches Geschäft bewilligt, aber in kleinere Darlehensverträge oder Finanzierungshilfen aufgeteilt, liegt eine Umgehung vor und die Beträge werden zusammengerechnet.

II. Verbraucherdarlehen (§§ 491–505e)

1. Sachlicher Anwendungsbereich: Der sachliche Anwendungsbereich der §§ 491 ff. erfordert das Vorliegen eines entgeltlichen (Geld-)Darlehensvertrags i.S.d. § 488 I, vgl. § 491 I; dabei kann es sich um einen **Allgemein- oder Immobiliar-Verbraucherdarlehensvertrag** handeln.

   Unmittelbar vom Wortlaut erfasst werden:

   - verzinsliche Darlehen, rückzahlbar in Raten oder in einem Betrag,
   - Überziehungs- oder andere Kontokorrentkredite.

   Entsprechend anwendbar können die §§ 491 ff. in folgenden Fällen sein:

   - **Schuldbeitritt**

     ⚠ Im Falle des Schuldbeitritts zu einem Verbraucherdarlehensvertrag sind die §§ 491 ff. **analog anwendbar**. Das Schutzbedürfnis des Beitretenden ist nicht geringer, sondern eher größer als das des Darlehensnehmers, weil der Beitretende trotz voller Mitverpflichtung keine Rechte gegen den Darlehensgeber erlangt, insbesondere keinen Anspruch auf Auszahlung des Darlehens hat.

Verbraucherdarlehen, entgeltliche Finanzierungshilfen und Ratenlieferungsverträge (4)

II. Verbraucherdarlehen (§§ 491–505e) (Fortsetzung)

- **Schuldübernahme**
  ⚠ Ist der bisherige Schuldner des Darlehens ein Verbraucher, sind die §§ 491 ff. auch nach einer Schuldübernahme auf das Darlehen anwendbar. Dies gilt auch, wenn der bisherige Schuldner des Darlehens ein Unternehmer war, der neue jedoch nach § 13 Verbraucher ist (oder die Voraussetzungen des § 513 vorliegen).
- **Vertragsübernahme**
  ⚠ Vertragsübernahme erfolgt regelmäßig durch Vertrag zwischen ursprünglicher und neuer Partei mit Zustimmung der verbleibenden Partei. Die §§ 491 ff. sind **analog anwendbar**, wenn der Übernehmer Verbraucher ist.

Ausschluss der §§ 491 ff. nach **§ 491 II**:

- **Kleindarlehen mit weniger als 200 € Nettodarlehensbetrag**, § 491 II Nr. 1
  ⚠ §§ 491 ff. finden auf Umgehungsgeschäfte jedoch Anwendung, § 512 S. 1.
- **Darlehen mit Pfandsicherung**, § 491 II Nr. 2
  ⚠ Sämtliche Verpflichtungen aus dem Vertrag, auch aus Verzug oder Nichterfüllung der Rückzahlung, müssen durch den Pfandgegenstand abgesichert sein.
- **Kurzzeitige Darlehen**, § 491 II Nr. 3
  ⚠ Kreditverträge mit einer Rückzahlungsverpflichtung nach drei Monaten und geringen Kosten.
- **Arbeitgeberdarlehen**, § 491 II Nr. 4
  ⚠ Arbeitnehmer oder Beamte sind auch dann durch die §§ 491 ff. geschützt, wenn sie ein Darlehen für berufliche Zwecke aufnehmen, da sie keine „selbstständige" berufliche Tätigkeit ausüben.

Verbraucherdarlehen, entgeltliche Finanzierungshilfen und Ratenlieferungsverträge (5)

II. Verbraucherdarlehen (§§ 491–505e) (Fortsetzung)

- **Förderdarlehen**, § 491 II Nr. 5
  ⚠ Die Vorschrift erfasst alle Darlehen, die auf gesetzlichen Vorgaben des öffentlichen Rechts beruhen. Da eine Unmittelbarkeit nicht erforderlich ist, werden auch von Förderanstalten über private Kreditinstitute ausgereichte Darlehen erfasst.

Eingeschränkte Ausnahmen, § 491 III
§ 491 III schränkt die §§ 491 ff. für die genannten gerichtlichen Protokolle und Vergleiche ein.

2. Inhaltliche Regelungen:

- **§ 491a** enhält **vorvertragliche Informationspflichten.** Deren Verletzung kann einen Schadensersatzanspruch aus §§ 280 I, 311 II begründen.
- Gem. **§ 492 I 1** ist für den Verbraucherdarlehensvertrag die **Schriftform** erforderlich.
  ⚠ § 126 ist eingehalten, wenn Antrag und Annahme durch die Vertragsparteien jeweils getrennt schriftlich erklärt werden, § 492 I 2. Der Kreditgeber darf sich einer automatischen Einrichtung bedienen, § 492 I 3. Die **formgerecht errichtete Urkunde muss der anderen Partei formgerecht zugehen.**
  – Abweichend von § 167 II bedarf gem. § 492 IV 1 die **Vollmacht** zum Abschluss eines Verbraucherdarlehensvertrags der Schriftform.
  – **Ausnahmsweise** gilt jedoch nach **§ 492 IV 2** das Formerfordernis des § 492 IV 1 i.V.m. I u. II nicht, wenn es sich um eine **Prozess**vollmacht oder eine **notariell beurkundete** Vollmacht handelt.
  – Nach **§ 492 II i.V.m. Art. 247 §§ 6–13 EGBGB** muss der Vertrag die dort **vorgeschriebenen Angaben** enthalten.

Verbraucherdarlehen, entgeltliche Finanzierungshilfen und Ratenlieferungsverträge (6)

II. Verbraucherdarlehen (§§ 491–505e) (Fortsetzung)

- Der **Verbraucherdarlehensvertrag** und die auf den Abschluss eines solchen Vertrags vom Verbraucher erteilte **Vollmacht** sind **gem. § 494 I nichtig**, wenn entweder die Schriftform insgesamt oder die in § 492 II i.V.m. Art. 246 §§ 6 und 9–13 EGBGB vorgeschriebenen Angaben fehlen.
  - Der Vertrag wird jedoch **gültig**, soweit der Darlehensnehmer das Darlehen empfängt oder in Anspruch nimmt, **§ 494 II 1**.
  - Die **Heilung der formnichtigen Vollmacht** selbst ist in § 494 II nicht geregelt. Der Darlehensvertrag, den der Vertreter ohne Vertretungsmacht abgeschlossen hatte, wird gem. § 494 II 1 geheilt, wenn **der Verbraucher (nicht der Vertreter!) das Darlehen empfängt**.

    ⚠ Dies soll nach dem Willen des Gesetzgebers als **Genehmigung** des Vertrages anzusehen sein.
- Der Verbraucher hat für den Verbraucherdarlehensvertrag ein **Widerrufsrecht, §§ 495 I, 355**.

  ⚠ Ausnahmen gelten nach § 495 III für eine besondere Form der Umschuldung, notariell beurkundete Verträge und Überziehungskredite.
- Vereinbarungen, die einen **Einwendungsverzicht** oder ein **Aufrechnungsverbot** einem künftigen Zessionar gegenüber vorsehen, sind unwirksam, § 496 I.
- Nach **§ 496 III 1** darf der Verbraucher nicht verpflichtet werden, für die Ansprüche des Darlehensgebers aus dem Verbraucherdarlehensvertrag eine **Wechselverbindlichkeit** einzugehen.
- Bei Verzug des Verbrauchers ist der geschuldete Betrag zu verzinsen, § 497 I 1 Hs. 1. Aus § 497 I 2 ist zu entnehmen, dass der Verzugszins als Mindestschaden einzuordnen ist.

Verbraucherdarlehen, entgeltliche Finanzierungshilfen und Ratenlieferungsverträge (7)

II. Verbraucherdarlehen (§§ 491–505e) (Fortsetzung)

- Für **Zahlungen des Verbrauchers, die nicht ausreichen**, trifft § 497 III 1 abweichende Tilgungsbestimmungen zu § 367 I, um eine raschere Tilgung zu ermöglichen und ein Anwachsen der Schulden beim Verbraucher zu verhindern.
- **§ 498 I** regelt zum Schutz des Darlehensnehmers **qualifizierte** Voraussetzungen, unter denen bei Teilzahlungsdarlehen der Darlehensgeber **wegen Zahlungsverzugs** des Verbrauchers kündigen kann:
  - **Ratenverzug**, § 498 I 1 Nr. 1
    ⚠ mit mindestens zwei aufeinander folgenden Teilzahlungen ganz oder teilweise und mindestens 10 %, bei einer Laufzeit des Verbraucherdarlehensvertrags über drei Jahre mit 5 % des Nennbetrags in Verzug und
  - **Nachfristsetzung**, § 498 I 1 Nr. 2
    ⚠ Zweiwöchige Frist zur Zahlung des rückständigen Betrags mit der Erklärung, dass bei Nichtzahlung innerhalb der Frist die gesamte Restschuld verlangt werde

III. Entgeltliche Finanzierungshilfen, §§ 506–508

1. Sachlicher Anwendungsbereich

   Die **Grundnorm** für die **Finanzierungshilfen** (entgeltlicher Zahlungsaufschub, sonstige entgeltliche Finanzierungshilfen) stellt **§ 506** dar:

   - **§ 506 I**: Die für den Verbraucherdarlehensvertrag geltenden Vorschriften der §§ 491a–502, mit Ausnahme des § 492 IV, sowie §§ 358–360 gelten entsprechend.

Verbraucherdarlehen, entgeltliche Finanzierungshilfen und Ratenlieferungsverträge (8)

III. Entgeltliche Finanzierungshilfen, §§ 506–508 (Fortsetzung)

- **§ 506 II**: Regelt das Finanzierungsleasing.
- **§ 506 III**: Regelt das Teilzahlungsgeschäft mit Verweis auf die Besonderheiten der §§ 507 und 508.
- **§ 506 IV**: Die für den Verbraucherdarlehensvertrag geltenden **Ausnahmen** des § 491 II u. III finden Anwendung im Bereich der Vorschriften über die Finanzierungshilfen.

Entgeltlicher Zahlungsaufschub

- Die vertraglichen Abreden müssen einen Zahlungsaufschub enthalten und dem Vertragspartner einen finanziellen Vorteil verschaffen.

  Der Käufer braucht den Kaufpreis nicht gem. § 271 sogleich zu bezahlen, sondern es wird ihm (insoweit zu seinen Gunsten) durch eine Ratenzahlungsvereinbarung ein Zahlungsaufschub als Kredit gewährt.
- Der Zahlungsaufschub muss entgeltlich sein, d.h. die **Entgeltlichkeit** bezieht sich nicht auf den finanzierten Vertrag, sondern auf die Finanzierungshilfe.
- Der Zahlungsaufschub, d.h. der **Zeitraum zwischen Fälligkeit und Zahlungstermin**, muss mehr als drei Monate betragen, § 506 IV i.V.m. § 491 II 2 Nr. 3.
- Insbesondere **Teilzahlungsgeschäfte**: Kauf-, Werk-, Werklieferungs- oder Dienstvertrag, bei dem ein Unternehmer und ein Verbraucher als Käufer, Besteller oder Dienstberechtigter beteiligt sind und die Vergütung in Teilbeträgen und gegen Entgelt später als gesetzlich bestimmt fällig gestellt werden, um dem Verbraucher die Zahlung zu erleichtern.

Sonstige entgeltliche Finanzierungshilfe

Insbesondere **Finanzierungsleasing** 47 ff.

Verbraucherdarlehen, entgeltliche Finanzierungshilfen und Ratenlieferungsverträge (9)

III. Entgeltliche Finanzierungshilfen, §§ 506–508 (Fortsetzung)

2. Inhaltliche Regelungen

Gem. § 506 I kommen die angegebenen Vorschriften zum Verbraucherdarlehensvertrag zur Anwendung:

- **Form**: § 506 I verweist auf die Formerfordernisse des § 492, die in § 494 I vorgesehenen Nichtigkeitsfolgen und die Heilungsmöglichkeit gem. § 494 II.

  Grundsätzlich Schriftform gem. § 506 I i.V.m. § 492 I für alle Finanzierungshilfen.

- **Rechtsfolgen des Formverstoßes**: Grundsätzlich gilt die Nichtigkeitsanordnung in § 494 I, die Heilungsmöglichkeit gem. § 494 II und die weiteren Regelungen in § 494 III–VII.

  ⚠ Für Teilzahlungsgeschäfte besteht eine Sonderregelung in § 507 II, zudem sind die §§ 494 IV, V, VI 1 u. 2, VII anzuwenden.

- **Widerruf und Rückgaberecht**: Das Widerrufsrecht besteht gem. § 506 I i.V.m. § 495 I für alle Finanzierungshilfen. Anstelle des Widerrufsrechts kann bei **Teilzahlungsgeschäften** ein Rückgaberecht nach § 356 eingeräumt werden.

- **§§ 506 I, 498**: Bei einem **Teilzahlungsgeschäft** besteht lediglich neben dem Kündigungsrecht gem. § 508 S. 1 ein Rücktrittsrecht und gem. § 508 S. 2 tritt an die Stelle des Nennbetrages der Gesamtbetrag.

  Beim **Finanzierungsleasing** besteht nur ein einheitliches, auf unteilbare Leistung gerichtetes Schuldverhältnis. Der Leasinggeber kann den Leasingvertrag nur mit Wirkung gegenüber allen Leasingnehmern kündigen. Ist die Kündigung nicht gegenüber allen Leasingnehmern wirksam, geht sie insgesamt ins Leere.

Verbraucherdarlehen, entgeltliche Finanzierungshilfen und Ratenlieferungsverträge (10)

III. Entgeltliche Finanzierungshilfen, §§ 506–508 (Fortsetzung)

- **Rücktritt bei Teilzahlungsgeschäften, § 508 II**: Für das Rücktrittsrecht des Unternehmers wegen Zahlungsverzugs des Verbrauchers macht § 506 III den Rücktritt nach § 323 von den besonderen Voraussetzungen des § 498 abhängig.
  - Voraussetzungen:
    1. Ratenverzug gem. § 498 I 1 Nr. 1,
    2. Nachfristsetzung gem. § 498 I 1 Nr. 2.
  - Der Rücktritt muss **wirksam ausgeübt** worden sein, außer der Unternehmer nimmt die gelieferte Sache wieder an sich, § 508 S. 5.
  - Für das **Rückabwicklungsverhältnis** gelten die §§ 346 ff.
- **Ratenlieferungsverträge, § 510**: liegt vor bei einem Vertrag über
  - **die Lieferung in Teilleistungen, § 510 I 1 Nr. 1**

    Der Vertrag muss zum Inhalt haben, dass der Lieferant eine bestimmte Sachgesamtheit in einzelnen Teilleistungen ratenweise zu liefern und der Verbraucher das Entgelt für die gesamten Sachen in Teilleistungen zu entrichten hat.

    Kauf eines mehrbändigen Lexikons oder einer mehrbändigen Buchreihe, bei dem monatlich ein Einzelband geliefert und bezahlt wird.

Verbraucherdarlehen, entgeltliche Finanzierungshilfen und Ratenlieferungsverträge (11)

III. Entgeltliche Finanzierungshilfen, §§ 506–508 (Fortsetzung)

- **die regelmäßige Lieferung von Sachen gleicher Art, § 510 I 1 Nr. 2**

  Es handelt sich hierbei nicht um eine Sachgesamtheit (Nr. 1), sondern um Verträge, die dazu bestimmt sind, ein regelmäßig neu entstehendes Bedürfnis des Verbrauchers durch wiederholte Leistungen gleicher Art zu befriedigen. Eine unbestimmte Laufzeit ist nicht Voraussetzung, auch eine Bestellung auf den fortlaufenden Bezug fällt hierunter.

  Zeitungs- und Zeitschriftenabonnements.

- **den wiederkehrenden Bezug von Sachen, § 510 I 1 Nr. 3**

  Dazu gehören insbesondere **Sukzessivlieferungsverträge**, die von einem wechselnden Bedarf des Verbrauchers abhängig sind.

  Der Mieter einer Gaststätte übernimmt im Mietvertrag ein auf der Gaststätte liegendes Bierlieferrecht einer Brauerei.

- Auf die Verletzung der für Ratenlieferungsverträge vorgeschriebenen Form des § 510 I findet § 125 S. 1 Anwendung. Eine Heilungsmöglichkeit nach § 507 II analog scheidet aus.

Sachdarlehen

Das Sachdarlehen entsteht durch **Einigung:**

- Der Darlehensgeber verpflichtet sich, dem Darlehensnehmer eine vertretbare Sache zu **überlassen** (§ 607 I 1).

  ⚠ Die Sache muss dem Darlehensnehmer nach sachenrechtlichen Grundsätzen **übereignet** werden.

- Der Darlehensnehmer ist zur Zahlung eines Entgelts und bei Fälligkeit **zur Rückerstattung von Sachen gleicher Art und Güte** verpflichtet (§ 607 I 2).

  Darlehensvertrag über Wertpapiere (sog. **Wertpapierleihe**) und Verträge über die Überlassung von **Mehrwegverpackungen**.

Schenkung (1)

Die Schenkung ist eine **unentgeltliche** Zuwendung. Zwei Arten werden unterschieden:

1. **Handschenkung** (§ 516): Schenker und Beschenkter einigen sich über die Unentgeltlichkeit einer gleichzeitig erfolgenden oder bereits vollzogenen Zuwendung. Sie ist aufgrund des sofortigen Vollzugs **formlos** wirksam.
2. Bei der **Vertrags- oder Versprechensschenkung** (§ 518 I) wird ein Schenkungsvertrag zwischen dem Schenker und dem Beschenkten geschlossen. Der Schenker verpflichtet sich gegenüber dem Beschenkten zu einer unentgeltlichen Zuwendung. Das **Schenkungsversprechen** ist zum Schutz des Schenkenden gem. § 518 **formbedürftig**. Der Mangel wird durch Erfüllung, also Bewirken der versprochenen Leistung, **geheilt** (§ 518 II).

Aufgrund der Unentgeltlichkeit ist im Schenkungsrecht die **Verantwortlichkeit** des Schenkers bei der Abwicklung besonders geregelt:

- Für die Nichterfüllung der Verpflichtung zur Übertragung des Gegenstandes oder die Verletzung von Nebenpflichten haftet der Schenker nur im Falle des **Vorsatzes und der groben Fahrlässigkeit (§ 521).**
- Für Rechts- und Sachmängel haftet der Schenker nur bei Arglist (§§ 523, 524).
- Der Schenker kann sich insbesondere im Falle des **Notbedarfs** (§ 528) und des **groben Undanks** (§ 530) einseitig vom Schenkungsvertrag lösen.

Sonderregelungen gelten für bestimmte **Schenkungsarten** (Schenkung unter Auflage, §§ 525 ff.; Schenkung auf den Todesfall, § 2301).

Schenkung (2)

I. Einigung über die Unentgeltlichkeit der Zuwendung

Unentgeltlich ist die Zuwendung, wenn für sie nach dem übereinstimmenden Willen der Parteien **keine Gegenleistung** zu erbringen ist. Sie muss **subjektiv** von den Parteien **als unentgeltliche Zuwendung gewollt** sein. **Gegenleistung** ist dabei im weitesten Sinne zu verstehen und umfasst auch immaterielle Leistungen.

Keine Schenkung liegt vor, wenn der Ehemann seine Frau durch eine Zuwendung zur Rückkehr in die Ehe bewegen will.

1. **Zuwendungen unter Ehegatten:**
   - Objektiv erfolgt die Übertragung unentgeltlich, doch liegt eine Zuwendung unter Ehegatten i.d.R. die Vorstellung oder Erwartung zugrunde, dass die eheliche Lebensgemeinschaft Bestand haben werde.
   - Bei derartigen Zuwendungen handelt es sich um **ehebedingte (unbenannte) Zuwendungen** und nicht um Schenkungen.

     ⚠ Etwas anderes gilt dann, wenn die Ehepartner ausdrücklich eine Schenkung vereinbaren.
2. **Zuwendungen an Schwiegerkinder:**
   - Schwiegerelterliche Zuwendungen erfüllen die Voraussetzungen des § 516 I auch dann, wenn sie um der Ehe des eigenen Kindes Willen erfolgen.
   - Schwiegereltern übertragen den zugewendeten Gegenstand regelmäßig in dem Bewusstsein auf das Schwiegerkind, künftig nicht mehr selbst an dem Gegenstand zu partizipieren.
   - Ein Ausgleichsanspruch kann sich im Falle des Scheiterns der Ehe nach den Grundsätzen über die Störung der Geschäftsgrundlage oder aus der Zweckverfehlungskondiktion ergeben.

Schenkung (3)

I. Einigung über die Unentgeltlichkeit der Zuwendung (Fortsetzung)

3. **Zuwendungen innerhalb nichtehelicher Lebensgemeinschaft:**
   - Eine güterrechtliche Rückabwicklung unbenannter Zuwendungen ist innerhalb der nichtehelichen Lebensgemeinschaft ausgeschlossen.
   - Eine Erstattung kommt nach den Grundsätzen über den **Wegfall der Geschäftsgrundlage** in Betracht, wenn Geschäftsgrundlage der Zuwendung der Fortbestand der nichtehelichen Lebensgemeinschaft war.

II. Die Nichtigkeit der Einigung

Die Einigung über die Schenkung ist nicht wirksam, wenn Nichtigkeitsgründe eingreifen.

Mangelnde Geschäftsfähigkeit, § 104 ff.; Formverstoß, § 125; Anfechtung, § 142; Sittenwidrigkeit, § 138 I.

1. Schenkung an einen **(beschränkt geschäftsfähigen) Minderjährigen:**
   - Schenkungsvertrag ist **lediglich rechtlich vorteilhaft**, weil Beschenkter grds. zu keiner Gegenleistung verpflichtet wird. Gem. § 107 bedarf Minderjähriger somit nicht der Einwilligung des gesetzlichen Vertreters.
   - Schenkung kann dann rechtlich nachteilhaft sein, wenn Vertrag weitere belastende Abreden enthält.

     Ein **Rücktrittsrecht**, das im Falle der Ausübung eine Verpflichtung zum Wertersatz oder Schadensersatz wegen einer zwischenzeitlich eingetretenen Verschlechterung der Sache begründen kann.
   - Nach der **früheren Rspr.** konnte eine Gesamtbetrachtung von Verpflichtungs- und Verfügungsgeschäft erforderlich sein.

     Die **Lit. und die neuere Rspr.** haben diese Ansicht wegen der Verletzung des Trennungs- und Abstraktionsprinzips abgelehnt. Eine teleologische Reduktion des § 181 reicht bei der Prüfung des Erfüllungsgeschäfts aus, um den Minderjährigen vor den nachteiligen Folgen des Geschäfts zu schützen.

II. Die Nichtigkeit der Einigung

2. Formverstoß, § 125

Die Einigung bei einer Vertragsschenkung ist nur wirksam, wenn das Schenkungsversprechen (nicht der ganze Vertrag!) notariell beurkundet worden ist, § 518 I 1.

⚠ Die Einzelheiten der notariellen Beurkundung sind im Beurkundungsgesetz geregelt.

Nach **§ 518 II** wird die **Formnichtigkeit** des Schenkungsversprechens durch die Bewirkung der versprochenen Leistung **geheilt**.

- **Bewirkt** ist die **Leistung** immer, wenn das Schenkungsversprechen nach §§ 362 ff. **vollständig erfüllt** ist; bei teilweiser Erfüllung tritt die Heilung nur zu einem entsprechenden Teil ein.
- Eine Bewirkung der Leistung liegt auch schon dann vor, wenn der Schenker die ihm obliegenden **Erfüllungshandlungen vollständig erbracht** hat, infolge eines fehlenden Bedingungseintritts aber noch keine Erfüllung vorliegt.

  ⚠ Sofern andere Formvorschriften unbeachtet geblieben sind (z.B. § 311b I 1 oder § 15 IV GmbHG), sind die speziellen Voraussetzungen für eine Heilung zu beachten (§ 311b I 1 bzw. § 15 IV 2 GmbHG i.V.m. § 15 III GmbHG). Nach § 518 II wird nur ein Verstoß gegen § 518 I geheilt.

III. Rechtsfolgen des Schenkungsvertrags

Schenker muss den versprochenen Gegenstand **übertragen**. Es muss ein **Rechtssubjektswechsel** eintreten, sodass Beschenkter nach Vollzug der Schenkung die Rechtsstellung des bisherigen Rechtsinhabers erlangt.

- Bewegliche Sachen müssen gem. §§ 929 ff. **übertragen** werden; Grundstücke gem. §§ 925, 873.

Schenkung (5)

III. Rechtsfolgen des Schenkungsvertrags (Fortsetzung)

- Rechte und Forderungen müssen **abgetreten** werden, und zwar nach den für die Übertragung des Rechts bestehenden Sonderregeln oder gem. § 398.
- Schenker hat gem. § 519 ein aufschiebendes **Leistungsverweigerungsrecht**, soweit durch Erfüllung sein eigener Unterhalt oder der seiner kraft Gesetzes unterhaltsberechtigten Angehörigen gefährdet wird.
- Bei Leistungsstörungen finden die **allgemeinen Regeln** über die Unmöglichkeit, den Verzug und die Nichtleistung Anwendung.

  Der Schenker haftet jedoch nur für Vorsatz und grobe Fahrlässigkeit, § 521; Verzugszinsen sind nicht zu entrichten, § 522.
- Grundsätzlich haftet der Schenker nicht für **Sach- und Rechtsmängel**.
- Besteht eine Haftung für Sach- und Rechtsmängel nach den §§ 523, 524:
  - Bei einem **arglistigen Verschweigen** eines Rechts- oder Sachmangels haftet der Schenker, allerdings nur auf das **Vertrauensinteresse**.
  - Verschenkt der Schenker einen Gegenstand, den er selbst erst erwerben sollte, haftet er bei einem Mangel bereits bei Kenntnis und für grobe Fahrlässigkeit. In diesem Fall besteht auch eine Haftung auf das **Erfüllungsinteresse**.

    ⚠ Die **Terminologie** des Schenkungsrechts wurde im Rahmen der Schuldrechtsmodernisierung nicht an die Terminologie des allgemeinen Leistungsstörungsrechts angepasst. Es ist daher weiterhin von **Schadensersatz wegen Nichterfüllung** und nicht von Schadensersatz statt der Leistung die Rede.

Schenkung (6)

IV. Rückforderungsrechte

Weil die Schenkung uneigennützig erfolgt, sind im Schenkungsrecht zwei besondere **Rückforderungsgründe**, § 528 (Bedürftigkeit) und § 530 (grober Undank), normiert.

⚠ Während es sich bei dem Verweis in § 528 um einen Rechtsfolgenverweis handelt, ist § 531 ein Rechtsgrundverweis auf das Bereicherungsrecht.

1. **Bedürftigkeit**: Dem Schenker steht gem. **§ 528** ein Rückforderungsrecht zu, wenn er seinen angemessenen Unterhalt nicht bestreiten bzw. seine Unterhaltspflicht nicht erfüllen kann, es sei denn, er hat diese Bedürftigkeit vorsätzlich oder grob fahrlässig herbeigeführt oder seit Vollzug der Schenkung sind zehn Jahre vergangen, **§ 529**.
   - § 529 ist als **Einrede**, nicht als Einwendung einzuordnen, sodass der Beschenkte die Wahl hat, ob er diese erhebt oder nicht.
   - Für die Rückforderung kommt es nicht darauf an, ob der Notbedarf vor oder nach der Schenkung entstanden ist.

   🔍 Erhält eine Person Sozialhilfeleistungen nach SGB XII, kann der Sozialhilfeträger etwaige Rückforderungsansprüche gegen Beschenkte nach § 93 SGB XII auf sich überleiten und geltend machen.

2. **Grober Undank**: Wenn sich der Beschenkte durch eine schwere Verfehlung gegen den Schenker oder dessen nahe Angehörige schuldig macht, kann der Schenker gem. **§ 530** die Schenkung widerrufen.

   🔍 Bedrohung des Lebens, körperliche Misshandlung, grundlose Strafanzeige, belastende Aussage trotz Zeugnisverweigerungsrecht, ehewidriges Verhalten. Eine schwere Verfehlung kann auch in der hartnäckigen Weigerung des Beschenkten liegen, ein bei der Schenkung vorbehaltenes Recht später zu erfüllen.

Schenkung (7)

V. Besondere Arten der Schenkung

1. Schenkung unter Auflage, §§ 525–527

Eine Schenkung unter Auflage liegt vor, wenn der Beschenkte nach Erhalt des Schenkungsgegenstandes zu einer **bestimmten Leistung** verpflichtet sein soll.
Abgrenzung zur entgeltlichen Zuwendung: Leistung soll nicht als Ausgleich für Zuwendung aus dem sonstigen Vermögen des Empfängers, sondern erst auf Grundlage und aus dem Wert der Zuwendung erbracht werden.

Auflage und Schenkung stehen in keinem Gegenseitigkeitsverhältnis!
Kommt der Beschenkte dem Erfüllungsanspruch des Schenkers auf Vollzug der Auflage gem. § 525 nicht nach, so kann der Schenker unter den Voraussetzungen der §§ 323, 326 V nach den Vorschriften des Bereicherungsrechts die Herausgabe des Geschenks insoweit verlangen, als es zur Erfüllung der Auflage hätte eingesetzt werden müssen.

2. Zweckschenkung

Eine Zweckschenkung liegt vor, wenn der Schenker nach dem Inhalt des Vertrags mit der Schenkung erreichen will, dass der Beschenkte mit dem geschenkten Gegenstand einen **bestimmten Erfolg** herbeiführt.
⚠ Anders als bei der Auflagenschenkung wird hier keine einklagbare Verpflichtung begründet.

3. Gemischte Schenkung

Der Beschenkte erbringt eine partielle Gegenleistung, die aus seinem sonstigen Vermögen zu erbringen ist.
Die Abgrenzung zum Kaufvertrag richtet sich nicht nach dem objektiven Werteverhältnis, sondern nach dem **Parteiwillen**.
Die Parteien müssen sich einig sein, dass ein Teil der Leistung unentgeltlich ist.

V. Besondere Arten der Schenkung (Fortsetzung)

Problem Einordnung:

- **Trennungstheorie:** Die gemischte Schenkung kann in einen entgeltlichen und einen unentgeltlichen Teil aufgespalten werden, auf jeden Teil des Vertrages sind dann die entsprechenden Vorschriften anzuwenden.
- **Einheitstheorie:** Der Vertrag wird als eine Einheit betrachtet. Im Falle eines Widerrufs hat der Schenker einen Anspruch auf Rückgewähr des bisherigen Gegenstandes, im Gegenzug muss er die Gegenleistung an den Beschenkten herausgeben.
- **Zweckwürdigungstheorie:** Eine Aufspaltung ist nicht möglich, es muss vielmehr auf den wirtschaftlichen Zweck des konkreten Geschäfts sowie die geschützten Interessen der Vertragspartner abgestellt werden.

  ⚠ **Überwiegt der geschenkte Teil** den entgeltlichen Teil erheblich und macht die Zuwendung des Schenkers den doppelten Wert im Vergleich zur Gegenleistung aus, erstrecken sich die schenkungsrechtlichen Vorschriften auf das gesamte Geschäft. Bei Hinfälligkeit des schenkungsrechtlichen Teils soll das Geschäft insgesamt keine Gültigkeit haben.

  ⚠ Haben der entgeltliche und der unentgeltliche Teil des Vertrages ein **gleiches Gewicht** oder überwiegt der entgeltliche Teil, so ist im Zweifel anzunehmen, dass die Parteien auch die Gültigkeit beider Elemente unabhängig voneinander gewollt haben.

V. Besondere Arten der Schenkung (Fortsetzung)

4. Schenkung auf den Todesfall, § 2301

Verspricht der Schenker dem Beschenkten einen Gegenstand unter der Bedingung, dass der Beschenkte den Schenker überlebt, dann Bedarf dieses Schenkungsversprechen der Form der Verfügung von Todes wegen.

⚠ Soll der Übergang des Vermögensgegenstands erst nach dem Tode des Erblassers nur dann eintreten, wenn der Beschenkte ihn überlebt, dann soll er die Formvorschriften des Erbrechts einhalten.

5. Nachträgliche Zuwendung

Ob eine nachträgliche Zuwendung für eine erbrachte Leistung entgeltlich oder unentgeltlich ist, muss im Wege der Auslegung ermittelt werden:

- **Renumeratorische Schenkung:** Der Zuwendende will dem Empfänger für die bereits erbrachte Leistung eine rechtlich nicht geschuldete Belohnung gewähren.
- **Entgeltliche** Zuwendung: Eine erbrachte Leistung soll nachträglich **zusätzlich entlohnt** werden.

  Gratifikationen, Tantiemen, Trinkgelder; die Zuwendung erfolgt deshalb, weil der Zuwendende der Auffassung ist, dass die vorhergehende Leistung des anderen einen (höheren) Lohn verdient.

Mietvertrag (1)

➲ Im Mietvertrag verpflichten sich die Vertragsparteien zur **Überlassung eines Mietgegenstands** zum **Gebrauch gegen Entgelt** auf **bestimmte** oder **unbestimmte Zeit**.

I. Zustandekommen

Der Mietvertrag setzt eine **Einigung** voraus über:

- Mietparteien
- Mietsache
- Miethöhe
- Mietzeit
- weitere Vertragsinhalte

Die Einigung erfolgt nach den Regelungen über **Rechtsgeschäfte:**

- Angebot und Annahme oder
- gemeinsame Erklärung oder
- sonstiges rechtlich erhebliches Verhalten (z.B. Fortsetzung eines beendeten Mietverhältnisses).

Einigung ist nicht verbindlich, wenn **Nichtigkeitsgründe** vorliegen.

Der Mietvertrag kann grds. **formfrei** abgeschlossen werden. Sind Grundstücke, Wohnungen oder Räume Mietgegenstand, ist gem. § 550 **Schriftform** erforderlich, wenn der Vertrag für länger als 1 Jahr abgeschlossen wird.

- Schriftform des § 126 erfordert keine **körperliche Verbindung** der einzelnen Blätter.
- Bei **nachträglicher Veränderung** eines formgültigen Mietvertrags muss auch die Veränderung die Schriftform wahren.
- Verstoß gegen Formerfordernis führt nicht zur **Nichtigkeit**. Gem. **§ 550 S. 1** gilt Vertrag **als auf unbestimmte Zeit** geschlossen.

Mietvertrag (2)

II. Vertragsinhalt

Die Parteien müssen sich über die **Hauptleistungspflichten** einigen. Die Hauptleistungspflichten sind in **§ 535** genannt:

- Überlassung der Mietsache zum Gebrauch
- Während der Mietzeit
- Gegen Zahlung der vereinbarten Miete

Vereinbart werden können darüber hinaus **weitere Punkte** oder **Nebenpflichten**, die mit der sachgerechten Verwendung der Mietsache im Zusammenhang stehen.

Die **Parteien** des Mietvertrags sind **Vermieter** und **Mieter**. Der Vermieter überlässt den Mietgegenstand dem Mieter zum Gebrauch (§ 535). Vermieter und Mieter können natürliche und juristische Personen sein.

- Nicht jede Person, die den Mietgegenstand gebraucht, ist auch Mietpartei. Ehepartner, Familienangehörige oder Angestellte, die nicht im Mietvertrag aufgeführt sind, gelten aber als **in den Schutzbereich des Vertrags einbezogen**.
- Bei **Vermietung an Ehepartner** kann auch **Stellvertretung** in Betracht kommen, so z.B. wenn beide Partner im Kopf des Vertrags genannt sind, aber nur einer unterschreibt. Beide Ehepartner werden auch dann Vertragspartner, wenn beide unterschreiben, aber nur einer im Kopf genannt ist.

Die **Überlassungspflicht** wird in § 535 I 2 weiter ausgeprägt. Der Vermieter muss danach die Sache in **vertragsgemäßem** Zustand überlassen und sie in diesem Zustand auch während der Mietzeit erhalten. Die Sache muss sach- und rechtsmängelfrei überlassen werden, am geschuldeten Ort und zur geschuldeten Zeit.

Mietsache können **bewegliche Sachen** oder **Grundstücke** sein, auch Teile von Sachen. **Rechte** können **nicht Gegenstand eines Mietvertrags** sein. Über die Nutzung eines Rechts kann aber ein Pachtvertrag geschlossen werden.

Mietvertrag (3)

II. Vertragsinhalt (Fortsetzung)

Die Mietsache muss **zum Gebrauch** überlassen werden.

- Angebot **am vereinbarten Ort**: Leistungsort ergibt sich aus den Umständen (bei Wohnraum), sonst aus § 269.
- **Zur geschuldeten Zeit**: Ergibt sich in der Regel aus der Vereinbarung, sonst aus § 271.
- Gebrauchsgewährung umfasst noch weitere **Leistungs- und Duldungspflichten**.
  - Im Zweifel sind Bestandteile und Zubehör der Mietsache zu überlassen. Außerdem Zugänge und Teile, die den Zugang ermöglichen (z.B. Hausflur).
  - Jegliche Handlungen, die den **vertragsgemäßen Zustand stören**, sind zu unterlassen. Fremde Störungen sind – soweit möglich – abzuwehren. Umfang der Unterlassungspflicht ergibt sich aus Einzelumständen, Treu und Glauben oder Verkehrssitte.
  - Der Vermieter muss dulden, dass die Mietsache mit Anlagen und Geräten ausgestattet wird, die der **zweckentsprechenden Nutzung** dienen. Die Grenze der Duldungspflicht bilden rechtlich geschützte Interessen des Vermieters oder anderer Mieter.
  - **Mitbenutzung durch Dritte** ist zu dulden, wenn Mietsache nur dadurch sachgerecht verwendet werden kann (nahe Angehörige, neue Angestellte).
  - Die **Gebrauchsüberlassung an Dritte** ist im Rahmen der §§ 540, 553, 565 zu dulden.

Der Mieter hat die **vereinbarte Miete** zu zahlen.

- Die Miete ist grds. **frei vereinbar**. Fehlt es an Festlegung, wird die angemessene Miete geschuldet. Diese wird nach h.M. aus der Anwendung von §§ 315, 316 hergeleitet, nach a.A. aus §§ 612 II, 632 II.
- Bzgl. der zulässigen Miethöhe bei Mietbeginn sind § 556d **(Mietpreisbremse)** und hinsichtlich Mieterhöhungen die §§ 557 ff. zu beachten.

Mietvertrag (4)

II. Vertragsinhalt (Fortsetzung)

- **Einschränkungen** bzgl. der Höhe der Miete ergeben sich ferner im Bereich des öffentlich geförderten Wohnraums. Im Übrigen sind § 134, § 291 I Nr. 1 StGB zu beachten.
- Die **Fälligkeit** der Miete bestimmt sich bei beweglichen Sachen, Grundstücken und eingetragenen Schiffen nach § 579 (Ende der Mietzeit), bei Wohnraum nach § 556b (bis zum 3. Werktag des jeweiligen Zeitabschnitts).
- **Erhöhungen der Miete** erfolgen durch vertragsändernde Vereinbarung, Änderungskündigung. Im Bereich der Wohnraummiete sind bei Erhöhungen die §§ 557 ff. zu beachten.
- Bei der Wohnraummiete wird oft auch eine **Vereinbarung über Nebenkosten** getroffen. Unklarheiten wirken sich zulasten des Vermieters aus. Auslegungshilfe bietet hier die II. Berechnungsverordnung.

Ein Mietverhältnis kann auf **unbestimmte Zeit** oder auch **befristet** abgeschlossen werden. Im Bereich der Wohnraummiete sind **Zeitmietverträge** nur noch unter engen Voraussetzungen möglich (§ 575).

Mieter und Vermieter treffen verschiedene **Nebenpflichten** vertraglicher und gesetzlicher Art:

- **Aufklärungs- und Fürsorgepflichten** des Vermieters bzgl. sachgerechter Verwendung der Mietsache (z.B. Fürsorge für Sicherheit von Treppen, Fluren usw.)
- Mieter muss notwendige **Instandsetzungsarbeiten dulden** (§§ 554, 554a).
- Die Mieter treffen **Anzeige- und Obhutspflichten** (z.B. § 536c). Vertraglich kann die Übernahme von Schönheitsreparaturen durch den Mieter vereinbart werden.
- Der Mieter darf die Mietsache nicht **über Gebühr abnutzen**. Die normale Nutzung wird durch § 538 abgegolten.

Mängelanspruch des Mieters (1)

I. Voraussetzungen aller Mängelansprüche

1. Wirksamer Mietvertrag
2. Mietsache muss **mangelbehaftet** sein. Dies ist der Fall, wenn
   - ein Mangel vorliegt, der die **Tauglichkeit der Mietsache zum vertragsgemäßen Gebrauch** aufhebt (§ 536 I 1) oder mindert (§ 536 I 2);
   - eine **zugesicherte Eigenschaft** fehlt (§ 536 II);
   - der vertragsgemäße Gebrauch der Mietsache durch das Recht eines Dritten entzogen wird (§ 536 III).

   Beachtlicher Mangel liegt vor, wenn die Ist-Beschaffenheit ungünstig von der Soll-Beschaffenheit abweicht.

   (+), wenn Beschaffenheitsmerkmale fehlen, die für den vertragsgemäßen Gebrauch erforderlich sind:
   - Abgefahrene Reifen eines Mietwagens
   - Heizung in Mietwohnung, die im Winter nur 18 °C Raumtemperatur erzeugt
   - Fehlen einer behördlichen Genehmigung

   (+), wenn **Beeinträchtigung durch Immissionen** vorliegt, die über das Maß des § 906 I hinausgehen.

   (+), wenn Benutzung **mit Gefahren verbunden** ist (z.B. gefährliches Abgasrohr im Keller), oder wenn Zustand und Lage der Mietsache Schaden erwarten lassen. Nicht aber Naturkatastrophen.

   Eine **Eigenschaftszusicherung** liegt vor, wenn deutlich wird, dass der Vermieter für alle Folgen einstehen will, die sich aus dem Nichtvorhandensein der Eigenschaft ergeben.

   Rechte Dritter i.S.d. § 536 III sind grds. nur private Rechte, die sich auf die Mietsache beziehen und sich nicht ausschließlich gegen den Vermieter richten. Erforderlich ist, dass der Dritte geltend macht, das Bestehen allein reicht nicht aus (h.M.).

Mängelanspruch des Mieters (2)

II. Rechte des Mieters

1. **§ 535 I 2** begründet die Pflicht des Vermieters zur Überlassung und Erhaltung der Mietsache in mangelfreiem Zustand. Daraus folgt ein entsprechender **Erfüllungsanspruch**.
   - Im Falle des **Verzugs** mit der Mangelbeseitigung kann der Mieter den Mangel **selbst beseitigen** und Ersatz der dazu erforderlichen **Aufwendungen** verlangen (§ 536a II).
   - Im Rahmen dieses Anspruchs hat der Mieter auch einen Anspruch auf **Vorschusszahlung**.
2. Bei Vorliegen eines Mangels der Mietsache tritt gem. § 536 I automatisch – kraft Gesetzes – die **Minderung der Miete** ein. Zuviel gezahlte Miete kann zurückverlangt werden. Der Anspruch ergibt sich dabei aus § 812 I 1 Alt. 1.
3. Im Rahmen des Schadensersatzanspruchs des Mieters aus **§ 536a I** sind drei Fallgruppen zu unterscheiden:

Schadensersatzansprüche		
Garantiehaftung – Mangel **schon bei** Vertragsschluss, § 536a I Fall 1	Vertretenmüssen bzgl. Mangel **nach** Vertragsschluss, § 536a I Fall 2	**Verzug** mit Mängelbeseitigung, § 536a I Fall 3

Bei Mangelentstehung nach Vertragsschluss ist eine Haftung des Vermieters zu bejahen, wenn er den Mangel **zu vertreten hat** (§ 536a I Fall 2).

Neben eigenem Verschulden haftet der Vermieter auch für **Erfüllungsgehilfen** gem. § 278.

Rechtsfolge des Anspruchs aus § 536a I Fall 2 ist der Ersatz des **Mangelschadens** und nach h.M. auch der Ersatz des **Mangelfolgeschadens**.

Mängelanspruch des Mieters (3)

II. Rechte des Mieters (Fortsetzung)

4. § 543 gewährt bei **Vorenthaltung des vertragsmäßigen Gebrauchs** ein Kündigungsrecht. Auch bei mangelhafter Mietsache wird der vertragsmäßige Gebrauch vorenthalten.

   Kündigung ist erst zulässig nach fruchtlosem Ablauf einer **Frist zur Abhilfe**.

   Die Fristsetzung kann **entbehrlich** sein:

   - bei offensichtlicher Erfolglosigkeit von Frist oder Abmahnung, § 543 III Nr. 1,
   - bei Rechtfertigung einer sofortigen Kündigung aus besonderen Gründen nach Abwägung beiderseitiger Interessen, § 543 III Nr. 2,
   - wenn Abhilfe von vornherein unmöglich ist oder wird,
   - bei endgültiger, ernsthafter Verweigerung der Abhilfe durch Vermieter.

III. Ausschluss der Mängelansprüche

Der Ausschluss von Mängelansprüchen kann sich aus einer **Vereinbarung** oder dem **Gesetz** ergeben.

Vertragliche Einschränkungen der Gewährleistung sind grds. wirksam.

- Bei Wohnraummietverhältnissen kann die Minderung des Mietzinses nicht abbedungen werden (§ 536 IV).
- Ein vertraglicher Ausschluss greift nicht, wenn der Vermieter den Mangel arglistig verschwiegen hat (§ 536d).
- Vertragliche Ausschlüsse in AGB unterliegen der Inhaltskontrolle nach den §§ 305 ff.

Mängelanspruch des Mieters (4)

III. Ausschluss der Mängelansprüche (Fortsetzung)

Gewährleistungsansprüche sind **kraft Gesetzes** gem. **§ 536b** ausgeschlossen:

- wenn der Mieter den Mangel kennt, es sei denn, er hat sich seine Rechte vorbehalten;
- wenn der Mieter den Mangel infolge grober Fahrlässigkeit nicht kennt, es sei denn, es liegt arglistiges Verschweigen durch den Vermieter vor.

Beseitigungs- und Gewährleistungsansprüche sind ausgeschlossen, wenn der Mieter den Mangel zu vertreten hat **(§ 326 II)**.

Die mietrechtlichen Gewährleistungsansprüche sind gem. **§ 536c II** ausgeschlossen, wenn der Mieter es unterlassen hat, **den Mangel anzuzeigen** und der Vermieter deshalb nicht Abhilfe schaffen konnte.

Anwendung allgemeiner Regeln bei Pflichtverletzungen; Verjährungsregeln (1)

I. Verhältnis mietrechtlicher Gewährleistung zu allgemeinen Regeln der Leistungsstörung

Anknüpfungspunkt für die Abgrenzung ist grds. die **Überlassung** des Mietgegenstands.

1. Verletzung von Vertragspflichten durch Vermieter

Wenn der Vermieter die Sache nicht zum Gebrauch überlassen kann, gelten die Regeln des **Ausschlusses der Leistungspflicht**.

- Erfüllungsanspruch geht gem. **§ 275** unter.
- Bezüglich Zahlungspflicht (Gegenleistung) gilt **§ 326 I, II**.
- Bei zu vertretender Unmöglichkeit: **§§ 280 I, III, 283**.
- Die Regeln des Ausschlusses der Leistungspflicht kommen auch dann zur Anwendung, wenn die Mietzeit wesentlich ist, z.B. bei Raummiete.

  Vermieter übergibt Wohnung zwei Monate später. Für diesen Zeitraum gelten nicht Verzugsregeln, sondern die Folgen des Ausschlusses der Leistungpflicht.

Sonst kommen bei nicht rechtzeitiger Gebrauchsgewähr **Verzugsregeln** zur Anwendung; Ersatz des Verzögerungsschadens gem. **§§ 280 II, 286**.

Das Rücktrittsrecht des **§ 323** wird allerdings durch die fristlose Kündigung gem. § 543 verdrängt.

Bei **Verletzung von Aufklärungs- oder Mitteilungspflichten** richtet sich die Haftung nach § 280.

Anwendung allgemeiner Regeln bei Pflichtverletzungen; Verjährungsregeln (2)

I. Verhältnis mietrechtlicher Gewährleistung zu allgemeinen Regeln der Leistungsstörung (Fortsetzung)

2. Verletzung von Vertragspflichten durch Mieter

Mieter zahlt **Miete bei Fälligkeit** nicht:

- Gem. §§ 280 II, 286 kann der Vermieter Verspätungsschäden verlangen und am Vertrag festhalten.
- Der Vermieter kann nach § 543 II 1 Nr. 3 fristlos kündigen und Ersatz des Kündigungsschadens verlangen.

Mieter führt **Schönheitsreparaturen** nicht durch, zu denen er sich vertraglich verpflichtet hat:

- Es ist eine Fristsetzung i.S.v. § 281 I erforderlich.
- Der Anspruch auf Durchführung der Schönheitsreparaturen erlischt, wenn der Vermieter Schadensersatz verlangt.
- Der Vermieter kann aber auch die Schönheitsreparaturen auf Kosten des Mieters durchführen und auch einen Vorschuss verlangen.

II. Verjährungsregelungen

Ersatzansprüche des Vermieters wegen **Veränderung oder Verschlechterung der Mietsache** verjähren gem. **§ 548 I** in **sechs Monaten**. Die Verjährung beginnt mit dem Zeitpunkt der Rückgabe der Mietsache.

Ebenfalls in sechs Monaten verjähren gem. **§ 548 II** Ansprüche des Mieters auf **Ersatz von Verwendungen** und auf **Gestattung der Wegnahme** einer Einrichtung. Beginn der Frist ist die Beendigung des Mietverhältnisses.

Auch **konkurrierende Ansprüche** verjähren in der gleichen Frist (§ 823, § 812).

Rückforderungsansprüche wegen überzahlter Miete verjähren gem. **§ 195** in **drei Jahren**.

Zahlungspflicht bei Nichtgebrauch der Mietsache; Schutz der Mietparteien (1)

Ist der Mieter **am Gebrauch der Mietsache verhindert** aus Gründen, die in seiner Person liegen, so besteht seine Zahlungspflicht gem. **§ 537 I** fort.

Dies gilt nicht, wenn der Vermieter durch Überlassung an einen Dritten **außerstande ist**, die Mietsache zu überlassen (§ 537 II).

Wenn die Drittüberlassung **ohne Kündigung des Mietverhältnisses** erfolgt, weil der Mieter vorher auszieht, so wird die Frage nach der Anwendbarkeit des **§ 537 II** unterschiedlich beurteilt:

- Entfallen des Zahlungsanspruchs
- Fortbestand des Zahlungsanspruchs, wenn Vermieter Mieter unterrichtet
- Mieter handelt **rechtsmissbräuchlich** und kann sich nicht auf § 537 II berufen

I. Schutz der Mietparteien

Schutz des Mieters während der Mietdauer

Aufwendungsersatzansprüche	Schutz bei Veräußerung	Besitzschutz

Schutz der Mietparteien (2)

II. Aufwendungsersatzanspruch

➲ Aufwendungen zielen darauf ab, den Bestand der Sache zu erhalten, wieder herzustellen oder zu verbessern.

- Zur Erhaltung oder Wiederherstellung der Sache objektiv erforderliche Aufwendungen **(notwendige Aufwendungen)** sind vom Vermieter gem. **§ 536a II Nr. 2** zu ersetzen.
- **Sonstige Aufwendungen** sind gem. **§ 539 I** über die Regeln der GoA zu ersetzen.
- Aufwendungen, **die der Mängelbeseitigung dienen**, fallen unter § 536a II Nr. 2.
- Der Mieter ist gem. § 539 II berechtigt, **Einrichtungen**, mit denen er die Sache versehen hat, **wegzunehmen**. Der Vermieter kann die Wegnahme durch **Zahlung einer angemessenen Entschädigung** abwenden.

III. Schutz bei Veräußerung

Gem. **§ 566** gilt der Grundsatz **„Kauf bricht nicht Miete"**.

- Eigentumswechsel am Grundstück muss stattgefunden haben.
- Wirksamer Mietvertrag zwischen altem Vermieter und Mieter im Zeitpunkt der Veräußerung.
- Überlassung der Mietsache an Mieter vor Veräußerung. Bei Überlassung nach Veräußerung gilt § 567a.

§ 566 hat die Rechtsfolge, dass der Erwerber anstelle des Vermieters **in dessen Rechte und Pflichten eintritt**.

Schutz der Mietparteien (3)

IV. Besitzschutz

Bei **Besitzentziehung oder -vorenthaltung** können sich Ansprüche des Mieters aus §§ 861, 1007, 823 I, II ergeben.

Bei **Besitzstörung** sind Ansprüche aus §§ 863, 1004, 823 I, II möglich.

Die gleichen Ansprüche gelten auch im Verhältnis zu einem **störenden Mitmieter**.

Voraussetzungen des Vermieterpfandrechts

Sache muss **eingebracht** sein.

➲ Hineinschaffen von beweglichen Sachen in den Machtbereich des Vermieters durch willentliches Verhalten und nicht nur zu einem vorübergehenden Zweck.

Pfandrecht entsteht nur an im **Eigentum des Mieters** stehenden Sachen („Sache des Mieters"). Guter Glaube des Vermieters wird nicht geschützt.

Die Sache darf nicht **unpfändbar** sein.

Das Pfandrecht erstreckt sich auch auf ein **Anwartschaftsrecht** des Mieters.

Gesicherte Rechte

Gesichert werden **alle Forderungen** aus dem Mietverhältnis (Mietzins, Nebenkostenpauschalen, Ersatzansprüche).

Grds. müssen die Ansprüche bis zur Geltendmachung **nach Grund und Höhe** entstanden sein.

⚠ Ausnahme: Ansprüche auf Mietzins für das laufende und folgende Mietjahr.

Schutz der Mietparteien (4)

IV. Besitzschutz (Fortsetzung)

Rechtsfolgen

Gem. **§ 562b I** kann Vermieter Entfernung **selbst verhindern**, es sei denn, er muss die Entfernung gem. § 562a dulden.

Rückschaffungsanspruch nach **§ 562b II** bei Entfernung ohne Wissen des Vermieters.

Verwertungsrecht gem. **§§ 1228 ff., 1257**.

Nach h.M. genießt das Vermieterpfandrecht den **Vorrang** vor einer zeitlich früher vereinbarten **Sicherungsübertragung**.

Erlöschen

Vermieterpfandrecht erlischt durch **Entfernung** gem. **§ 562a**.

- Bei Raummiete ist Entfernung vom Grundstück erforderlich, das Wegschaffen aus den gemieteten Räumen reicht nicht.
- Zeitweiliges Entfernen reicht nicht aus.

Zum Erlöschen führt des Weiteren der **Ablauf der Ausschlussfrist** des **§ 562b II 2**.

Das Vermieterpfandrecht erlischt über § 1257 nach den **allgemeinen Regeln des Pfandrechts** (§§ 1252, 1255, 1256).

Der gutgläubige **lastenfreie Erwerb** durch einen Dritten **(§ 936)** bringt das Pfandrecht zum Erlöschen.

Beendigung des Mietvertrags (1)

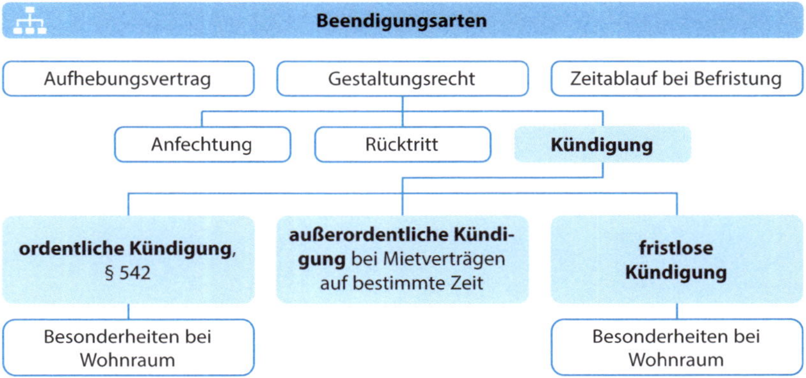

I. Ordentliche Kündigung

1. Mietobjekte außer Wohnraum

Mietverträge können gem. § 542 I **formlos** gekündigt werden, wenn keine Mietzeit bestimmt ist. Maßgeblich für die Fristen ist § 580a.

Einer **Begründung der Kündigung** bedarf es nicht.

Beendigung des Mietvertrags (2)

I. Ordentliche Kündigung (Fortsetzung)

2. Wohnraummietverhältnisse

Die Kündigung bedarf hier gem. **§ 568 I** der **Schriftform**. Der Vermieter **soll** außerdem auf die Möglichkeit des Widerspruchs sowie auf dessen Form und Frist hinweisen (§ 568 II); Verstoß gegen diese Sollvorschrift führt nicht zur Unwirkamkeit. Für die **Kündigungsfrist** gilt **§ 573c**.

Eine Kündigung von Wohnraum ist nur wirksam, wenn der Vermieter an der Beendigung des Mietverhältnisses ein **berechtigtes Interesse** hat, **§ 573**. Ein solches liegt vor, wenn

- der Mieter eine erhebliche schuldhafte Vertragsverletzung begeht (§ 573 II Nr. 1);
- der Vermieter Eigenbedarf geltend machen kann (§ 573 II Nr. 2);
- eine angemessene wirtschaftl. Verwertung nur durch Aufhebung des Mietvertrags möglich ist (§ 573 II Nr. 3);
- Gründe vorliegen, die ein den obigen Interessen ähnliches Gewicht aufweisen.

Es werden nur die Gründe berücksichtigt, die **im Kündigungsschreiben genannt** sind, es sei denn, sie sind nachträglich entstanden (§ 573 III).

Die Kündigung ist für den Vermieter **erleichtert**, wenn **§ 573a** erfüllt ist. Die Kündigungsfrist ist in diesen Fällen um drei Monate verlängert.

Mieter kann bei **besonderen Härtefällen** gem. **§ 574** der Kündigung **widersprechen** und die **Fortsetzung** des Mietvertrags verlangen.

Für **Werkdienstwohnungen** gelten die **§§ 576a, b**.

Beendigung des Mietvertrags (3)

II. Außerordentliche Kündigung bei Mietverträgen auf bestimmte Zeit

Ein Mietverhältnis auf bestimmte Zeit kann ebenfalls gekündigt werden, wenn ein **besonderer Grund** vorliegt.

Es ergeben sich Kündigungsrechte des **Mieters** aus: **§§ 540 I 2, 544, 561, 563a II, 580**.

Der **Vermieter** kann Kündigungsrechte aus **§§ 544, 580** geltend machen.

Weitere Kündigungsrechte bestehen für den Eigentümer **(§ 1056 II)**, Insolvenzverwalter **(§ 109 I 1 InsO)**, Ersteher in der Zwangsversteigerung **(§ 5a ZVG)**.

III. Fristlose Kündigung

1. Mietobjekte außer Wohnraum

Jede Partei kann fristlos und formlos kündigen, wenn ein **wichtiger Grund** vorliegt, **§ 543**.

➲ Dies ist der Fall, wenn dem Kündigenden (Mieter oder Vermieter) die Fortsetzung des Mietverhältnisses unter Berücksichtigung aller Umstände des Einzelfalls, insbes. eines Verschuldens der Vertragsparteien, und unter Abwägung der beiderseitigen Interessen nicht zugemutet werden kann.

In **§ 543 II** sind Beispiele für **wichtige Gründe** genannt:

- Erhebliche Gefährdung der Mietsache durch Mieter, Nr. 2,
- Nichterfüllung der Zahlungspflicht durch Mieter, Nr. 3,
- Nichtgewähr des Gebrauchs an Mieter, Nr. 1.

Beendigung des Mietvertrags (4)

III. Fristlose Kündigung (Fortsetzung)

2. Wohnraummietverhältnisse

Der zur Kündigung führende wichtige Grund ist gem. **§ 569 IV** im Kündigungsschreiben anzugeben; ein Verstoß führt zur Unwirksamkeit. Es gilt das Schriftformerfordernis des § 568; bei Nichtbeachtung ist Kündigung nichtig, § 125 S. 1.

§ 569 normiert für den Bereich der Wohnraummiete weitere besondere Gründe:

- Mieter oder Vermieter stören nachhaltig den Hausfrieden (§ 569 II).
- Benutzung der Mietsache ist mit Gesundheitsgefährdung verbunden (§ 569 I).

IV. Rechtsfolgen der Beendigung für Vermieter

Gem. **§ 546** hat der Mieter die **Mietsache** an den Vermieter **zurückzuübertragen**, und zwar in dem Zustand, in dem sie sich zu Beginn des Mietverhältnisses befunden hat. Eingebrachte Einrichtungen sind zu entfernen.

Bei Nichtrückgabe der Mietsache trotz Beendigung hat der Vermieter gem. **§ 546a I** einen **Anspruch auf Entschädigung** in Gestalt der vereinbarten oder üblichen Miete.

Gem. § 546a II bleiben weitere **Schadensersatzansprüche** unberührt.

V. Rechtsfolgen der Beendigung für Mieter

Mieter kann nach Beendigung **Rückzahlung der geleisteten Mietkaution** verlangen.

Mieter kann **Haftungsminderung** herbeiführen, indem er die Mietsache in Verzug begründender Weise anbietet **(§ 300)**.

Pachtvertrag

Gem. § 581 II finden auf die Pacht grds. mietvertragliche Regelungen Anwendung, abgesehen von den in **§§ 582 ff.** geltenden **Sonderbestimmungen**.

Wird ein **Grundstück mit Inventar** verpachtet, so ergeben sich folgende Besonderheiten:

- Verpächter hat zufällig untergegangene oder verlorene Inventarstücke zu ersetzen (§ 582 II 1).
- Pächter hat – abweichend von § 535 – das Inventar instand zu halten (§ 582 I).
- Übernimmt der Pächter das Inventar gem. § 582a **zum Schätzwert**, so hat er alle notwendigen Instandhaltungsmaßnahmen zu treffen. Er trägt auch die Gefahr des zufälligen Untergangs.
- Bei einem höheren Schätzwert bei Rückgabe muss der Differenzbetrag in Geld ausgeglichen werden (§ 582a III 3).

Die **ordentliche Kündigung** kann gem. **§ 584** nur zum Ende eines Pachtjahres erfolgen, sofern Grundstück oder Rechte verpachtet sind. Das Recht zur **außerordentlichen Kündigung** wird in **§ 584a** eingeschränkt.

Bei **verspäteter Rückgabe** bemisst sich die vom Pächter zu zahlende Entschädigung – anders als in § 546a – nach dem Verhältnis der während der Vorenthaltung erzielten Nutzungen zu den möglichen Nutzungen des ganzen Pachtjahres **(§ 584b)**.

Leasing (1)

Beim Leasing verpflichtet sich der Leasinggeber (LG), dem Leasingnehmer (LN) den Gebrauch an einer Sache zu überlassen. Der LN ist zur Zahlung von Leasingraten verpflichtet.

I. Operatingleasing

Der LG verpflichtet sich, neben der Gebrauchsüberlassung die geleaste Sache zu überwachen, instand zu halten und eventuell auszutauschen.

Der LG schließt mit dem LN einen **kurzfristigen** Vertrag ab; wird der Vertrag auf unbestimmte Zeit abgeschlossen, so besteht ein jederzeitiges **Kündigungsrecht**.

Da der LG nach Vertragsablauf keine Abschlusszahlungen vom LN erhält, trägt er das **Investitionsrisiko**.

Beim Operatingleasing steht also die zeitlich begrenzte Gebrauchsüberlassung gegen Entgelt im Vordergrund, sodass die Einordnung als **Mietvertrag** gerechtfertigt ist.

II. Finanzierungsleasing

Das Finanzierungsleasing wird wegen der nicht miettypischen Vertragsgestaltung und der Finanzierungsfunktion als **atypischer Mietvertrag** angesehen:

- Regelmäßig wird ein **Haftungsausschluss** aus § 536 für **anfängliche und nachträgliche Mängel** vereinbart.

  ⚠ Anders als der Vermieter ist danach der LG nicht zur Instandhaltung der Sache verpflichtet.

- Häufig ist eine **Kaufoption** für den LN nach Ablauf des Leasingvertrags vorgesehen. Für den LN entspricht diese Konstruktion wirtschaftlich weitgehend einem durch Darlehen finanzierten Kauf.

Leasing (2)

II. Finanzierungsleasing (Fortsetzung)

- Die AGB des LGs enthalten regelmäßig Klauseln, nach denen der LN die **Gefahr für den Untergang, die Beschädigung oder den Verlust der Sache** zu tragen hat. Bei der Prüfung des § 307 II Nr. 1 ist die Vereinbarkeit mit wesentlichen Grundgedanken des Kaufrechts zu prüfen, weil bezüglich der Sach- und Gegenleistungsgefahr das Finanzierungsleasing dem Kauf entspricht. Da der Käufer gem. § 446 nach der Übergabe die Gefahr trägt, kann auch dem LN die Gefahr des Untergangs oder der Verschlechterung nach Übergabe durch AGB übertragen werden.

  ⚠ Voraussetzung für eine wirksame **Abwälzung der Gefahrtragung** auf den LN ist beim Kfz-Leasing mit Rücksicht auf die besondere Sach- und Interessenlage jedoch, dass dem LN ein kurzfristiges Kündigungsrecht für den Fall des Untergangs oder der erheblichen Beschädigung eingeräumt wird.
  Unwirksam ist daher eine Regelung beim Kfz-Leasing, wonach das Kündigungsrecht des § 543 II 1 Nr. 1 ausgeschlossen ist oder wenn der LN bei Verlust der Sache zur sofortigen Zahlung aller noch ausstehenden Raten verpflichtet sein soll.

- Im Falle der **Beschädigung oder Zerstörung durch Dritte** steht dem LG ein Anspruch aus § 823 I zu. Ein Ersatzanspruch wegen der noch ausstehenden Leasingraten kommt nicht in Betracht, denn die Sach- und Gegenleistungsgefahr ist auf den LN abgewälzt, gegen den der LG einen auf Vollamortisation gerichteten Ausgleichsanspruch hat.

  Der LN kann gem. § 823 I wegen des Besitzentzugs Schadensersatz verlangen, er hat jedoch **keinen Anspruch auf Ausgleich** der noch ausstehenden Leasingraten, da sein Schaden nicht in der Belastung mit den Leasingraten, sondern nur in dem Entzug der Sachnutzung besteht.

Leasing (3)

II. Finanzierungsleasing (Fortsetzung)

- Abweichend von § 536 wird in den AGB des LGs zumeist die **Gewährleistung** des LGs für Mängel der Leasingsache **ausgeschlossen**. Der LG tritt dafür seine Gewährleistungsansprüche gegen den Lieferanten (oder Hersteller) an den LN ab. Der mit der Abtretung kombinierte Gewährleistungsausschluss ist regelmäßig wirksam.
  - Bei Verbrauchern liegt **kein Verstoß gegen § 309 Nr. 8 b) aa)** vor, da nach dieser Vorschrift nur Vereinbarungen unwirksam sein sollen, die auf den endgültigen Erwerb des Leistungsgegenstands gerichtet sind, nicht hingegen auch auf bloße Gebrauchsüberlassungsverträge.
  - Ein **Verstoß gegen § 307** ist **nicht** gegeben, weil der Gewährleistungsausschluss unter Abtretung der kaufrechtlichen Gewährleistungsansprüche gegen den Lieferanten (oder Hersteller) keine unangemessene Benachteiligung des LNs darstellt. Hätte der LN die Leasingsache gekauft, hätte er auch nur vom Verkäufer Nacherfüllung verlangen können. Ist die Nacherfüllung unmöglich, unzumutbar oder fehlgeschlagen, kann der LG aus abgetretenem Recht von dem Kaufvertrag mit dem Lieferanten (oder Hersteller) zurücktreten.
- Tritt der LN aufgrund der ihm abgetretenen Gewährleistungsansprüche gegen den Lieferanten (oder Hersteller) zurück, entfällt die Geschäftsgrundlage für den Leasingvertrag. Der LN kann dann die **Rechte aus § 313** gegen den LG geltend machen.
  - Nach h.M. kann der LN die Zahlung weiterer Raten erst dann verweigern, wenn der Lieferant mit dem Rücktritt einverstanden ist oder der LN gegen den Lieferanten Klage erhoben hat.
  - Der LN kann gem. § 313 Abs. 3 S. 1 den Rücktritt von dem Leasingvertrag erklären und die bereits erbrachten Leasingraten vom LG zurückfordern.

Leihe (1)

I. Wirksame Einigung über den Vertragsinhalt

Durch den Leihvertrag wird der Verleiher verpflichtet, dem Entleiher den **zeitlich begrenzten Gebrauch einer Sache unentgeltlich zu gestatten** (§ 598):

- **Gegenstand der Leihe** können nach dem Wortlaut des **§ 598** wie beim Mietvertrag **bewegliche wie unbewegliche Sachen** sein.
  ⚠ Umstritten ist die Behandlung der Überlassung von **Rechten und Forderungen**, nach h.M. finden auch insoweit die §§ 598 ff. entsprechende Anwendung; nach der Gegenansicht sollen in diesem Fall die Regeln über die Pacht (§§ 581 ff.) entsprechende Anwendung finden.
- **Unentgeltlichkeit** der Gebrauchsüberlassung bedeutet, dass sie **unabhängig von einer Gegenleistung** des Entleihers erfolgt. Da die Leihe ein **unvollkommen zweiseitig verpflichtender Vertrag** ist, finden die **§§ 320 ff. keine Anwendung**.
- Unter **Gebrauch** der Sache ist die **tatsächliche Verwendung und Benutzung der Sache ohne Eingriff in ihre Substanz** zu verstehen.
- Die **Gestattung** des Gebrauchs erfasst die **Besitzüberlassung** und das **Unterlassen von Besitzstörungen**.
  ⚠ Der Verleiher ist also **nicht verpflichtet**, die Sache in einen **gebrauchsfähigen Zustand zu versetzen** und sie während der Vertragslaufzeit **instand zu halten**.

II. Arten der Leihe

1. **Handleihe**: Sache wird sogleich mit der Einigung übergeben.
2. **Versprechensleihe**: Übergabe folgt dem Vertragsschluss durch Einigung nach.

Leihe (2)

III. Abgrenzung zu anderen Rechtsverhältnissen

1. **Mietvertrag** (§ 535): Die zeitlich begrenzte Gebrauchsüberlassung einer Sache erfolgt beim Leihvertrag **unentgeltlich** (§ 598).
2. **Schenkung** (§ 516): Die Sache ist bei der Leihe **zurückzugeben** (§ 604), **verbleibt also nicht im Vermögen**.
3. **Sachdarlehensvertrag** (§ 607): Anders als bei der Leihe bezieht sich die Übertragung nicht nur auf den Besitz, sondern auch auf **das Eigentum**, da **nur eine Sache gleicher Art, Güte und Menge zurückzuerstatten** ist. Demgegenüber ist bei der Leihe die Sache selbst zurückzugeben.
4. **Verwahrung** (§ 688): Die Sache wird nicht zum Gebrauch, sondern nur zur **Aufbewahrung** überlassen. Zudem kann die Verwahrung **entgeltlich** sein (§ 689).
5. **(Bloßes) Gefälligkeitsverhältnis**: Infolge der Unentgeltlichkeit der Leihe bestehen häufig Abgrenzungsprobleme zwischen der Leihe als Gefälligkeitsvertrag zum bloßen **Gefälligkeitsverhältnis**, bei dem der **Rechtsbindungswille fehlt** und bei dessen Vorliegen die überlassene Sache jederzeit zurückgefordert werden kann. Die Abgrenzung muss im Einzelfall nach Anlass und Zweck der Gebrauchsüberlassung, ihrer wirtschaftlichen Bedeutung und nach den Interessen der Parteien vorgenommen werden.

IV. Vertragspflichten und Folgen einer Vertragspflichtverletzung

1. **Pflichten des Verleihers** und die Folgen einer Vertragspflichtverletzung:

   a) Der Verleiher ist gem. **§ 598** verpflichtet, dem Entleiher **unentgeltlich den Gebrauch der Sache zu gestatten**. Da es sich hierbei um eine sog. **Holschuld** (§ 269) handelt, ist der Entleiher verpflichtet, die **Kosten** hierfür zu tragen.

IV. Vertragspflichten und Folgen einer Vertragspflichtverletzung (Fortsetzung)

b) Gem. § 601 II 1 ist der Verleiher verpflichtet, dem Entleiher **Verwendungen, die die gewöhnlichen Erhaltungskosten der geliehenen Sache übersteigen**, nach den Vorschriften **über** die Geschäftsführung ohne Auftrag (§§ 677 ff.) **zu ersetzen**.

⚠ Hierbei handelt es sich um einen **Rechtsgrundverweis!**

Unter **„Erhaltungskosten"** sind solche Aufwendungen zu verstehen, die erforderlich sind, um die Sache in ihrem bisherigen Zustand zu erhalten. Die **„Gewöhnlichkeit"** richtet sich nach der Verkehrsauffassung.

TÜV-Inspektion oder Ölwechsel beim Kfz; nicht: Einbau eines Austauschmotors oder einer neuen Lichtmaschine.

Der Anspruch des Entleihers auf Verwendungsersatz **verjährt** gem. § 606 (S. 1, S. 2 i.V.m. § 548 II) **in sechs Monaten nach Beendigung der Leihe.**

Nicht unter **„Erhaltungskosten"** nach § 601 II 1 fallen

- **Schadensbeseitigungskosten**: Solche Kosten sind keine Erhaltungskosten und sind vom Entleiher nur unter den Voraussetzungen eines Schadensersatzanspruchs zu tragen, wenn sie durch vertragswidrigen Gebrauch entstanden sind. Schäden, die durch vertragsmäßigen Gebrauch entstanden sind, hat der Entleiher hingegen nicht zu ersetzen, vgl. § 602.
- **Kosten der Gebrauchsermöglichung**: Auch solche Kosten sind keine Erhaltungskosten und grds. vom Entleiher, der hierdurch für sich den Gebrauch ermöglichen will, zu tragen.

c) Dem Entleiher steht gem. **§ 601 II 2** auch ein **Wegnahmerecht** bzgl. solcher Einrichtungen zu, mit denen er die Sache verbunden hat. Es ist jedoch ausgeschlossen, wenn der Entleiher verpflichtet war, die Einrichtung anzubringen.

Leihe (4)

IV. Vertragspflichten und Folgen einer Vertragspflichtverletzung (Fortsetzung)

d) Bei Pflichtverletzungen des Verleihers, die das **Erfüllungsinteresse des Entleihers bzgl. der Gebrauchsüberlassung** betreffen, haftet der Verleiher nach den allgemeinen Regeln gem. **§§ 280 ff.** Wegen der Unentgeltlichkeit der Leihe ist der Haftungsmaßstab gem. **§ 599** auf Vorsatz und grobe Fahrlässigkeit beschränkt.

e) Bei **Verletzung von vorvertraglichen und vertraglichen Schutzpflichten** (§ 241 II) haftet der Verleiher nach §§ 280 I, 311 II, 241 II bzw. §§ 280 I, 241 II.

Fraglich ist dabei die **Anwendbarkeit des Haftungsprivilegs nach § 599:**

- Nach e.A. wird die Anwendbarkeit stets bejaht, nach einer anderen stets abgelehnt.
- Eine vermittelnde Ansicht will § 599 jedenfalls bei solchen Schutzpflichtverletzungen anwenden, die sich auf den Vertragsgegenstand beziehen.

  ⚠ Bejaht man die Anwendbarkeit des § 599, so schlägt sich das Privileg auf die konkurrierenden Ansprüche aus **Delikt gem. § 823 ff.** durch.

f) Bei **Sach- und Rechtsmängeln** trifft den Verleiher aufgrund des Gesichtspunkts der Uneigennützigkeit der Leihe **grds. keine Haftung**, außer er hat den Mangel **arglistig verschwiegen** (§ 600).

⚠ Nach h.M. gilt § 600 jedoch nur für sog. **Mangelschäden**, **nicht** jedoch für die mangelbedingten Schäden an **anderen** Rechtsgütern des Entleihers, sog. **Mangelfolgeschäden**.

2. **Pflichten des Entleihers** und Folgen einer Vertragspflichtverletzung

a) Der Entleiher ist verpflichtet, den **vertragsmäßigen Gebrauch der Sache nicht zu überschreiten**, insbesondere sie nicht ohne Erlaubnis des Verleihers einem Dritten zu überlassen, vgl. **§ 603**.

Leihe (5)

IV. Vertragspflichten und Folgen einer Vertragspflichtverletzung (Fortsetzung)

b) Gem. **§ 601 I** hat der Entleiher die **gewöhnlichen Erhaltungskosten** zu tragen.

⚠ Bei der Leihe eines Tieres insbesondere die Fütterungskosten.

Der Entleiher hat zudem die Pflicht, die Sache während der Vertragslaufzeit zu erhalten.

c) **Nach Beendigung der Leihe** muss der Entleiher gem. **§ 604 I–III** die Sache dem Verleiher **zurückgeben**, d.h. den **unmittelbaren Besitz verschaffen**, sodass die Abtretung eines Herausgabeanspruchs gegen einen Dritten nicht genügt.

Der Entleiher hat hierbei die Sache in dem **Zustand** zurückzugeben, **der** ihrem **vertragsmäßigen Gebrauch (vgl. § 602) entspricht.**

d) Verletzt der Entleiher seine Pflicht zur Einhaltung des vertragsmäßigen Gebrauchs bzw. seine Erhaltungs- und Obhutspflichten, steht dem Verleiher ein **Recht zur außerordentlichen Kündigung gem. § 605 Nr. 2** sowie in **entsprechender Anwendung des § 541** ein **Anspruch auf Überlassung** zu.

Darüber hinaus haftet der **Verleiher** aus **§ 280 I**, wenn die **Sache** infolge **schuldhaft vertragswidrigen Gebrauchs beschädigt** wird.

Nach h.M. haftet der Entleiher aus § 280 I **auch für** einen **zufällig** an der Sache **eingetretenen Schaden**, wenn dieser **ohne vertragswidrigen Gebrauch nicht eingetreten** wäre und die Vertragswidrigkeit auf einem Verschulden des Entleihers beruht.

Die Ansprüche verjähren gem. **§ 606 S. 1** in **sechs Monaten**, dies gilt **auch für** die damit **konkurrierenden Ansprüche**, insbesondere aus Delikt oder Eigentum. Der **Fristbeginn** richtet sich gem. **§ 606 S. 2 nach § 548 I 2**.

Bei **Unmöglichkeit bzw. Verzug** des Entleihers mit der Rückgabe haftet er nach den allgemeinen Regeln gem. **§§ 280, 283, 286**.

Leihe (6)

V. Beendigung des Leihvertrags

Bei der **Beendigung** des Leihvertrags sind folgende **Fallgruppen** zu unterscheiden:

- **Ablauf** der vertraglich **vereinbarten Laufzeit** des Leihvertrags, **§ 604 I**.
- **Zweckerreichung** der Gebrauchsüberlassung, **§ 604 II 1**.
- **Unmöglichkeit der Zweckerreichung** der Gebrauchsüberlassung, **§ 604 II 1 analog**.
- **Rückforderung** bei **unbefristetem, aber zweckgebundenen Leihvertrag** auch schon vor Zweckerreichung, wenn **soviel Zeit abgelaufen** ist, wie objektiv für die Zweckerreichung erforderlich war, **§ 604 II 2**.

  ⚠ Ob der Entleiher subjektiv die Möglichkeit hatte, den Zweck zu erreichen, ist **unerheblich**.
- **Rückforderung** bei unbefristetem Leihvertrag, wenn sich auch aus dem Zweck der Leihe keine Dauer entnehmen lässt, **§ 604 III**.
- **Ordentliche Kündigung** bei unbefristetem Leihvertrag, wenn sich auch aus dem Zweck der Leihe keine Dauer entnehmen lässt, **§ 604 III**.
- **Ordentliche** Kündigung (bei entsprechender **Vereinbarung** der Parteien).
- **Außerordentliche** Kündigung gem. **§ 605**.

Dienstvertrag (1)

I. **Einigung** über die entgeltliche Leistung von Diensten:

- **Abgrenzung zum Werkvertrag:** Der Dienstverpflichtete schuldet nur die Erbringung der Dienste und damit ein bloßes Tätigwerden, der Werkunternehmer ist dagegen zur Herstellung eines Erfolgs verpflichtet.
- Nach **§ 612 I** gilt eine **Vergütung als stillschweigend vereinbart**, wenn die Dienstleistung den Umständen nach nur gegen eine Vergütung zu erwarten ist.

II. Hauptleistungspflicht des Dienstverpflichteten ist die Erbringung der versprochenen Dienste.

Gem. **§ 613 S. 1** sind die **Dienste im Zweifel persönlich** zu erbringen:

- Eine höchstpersönliche Verpflichtung besteht insbesondere bei Dienstleistungen, die eine besondere Qualifikation erfordern.
- Die persönliche Verpflichtung zur Leistung schließt den Einsatz von Hilfspersonen nicht aus.

III. Bei **Pflichtverletzungen** des Dienstberechtigten oder Dienstverpflichteten können sich Schadensersatzansprüche aus den **§§ 280 ff.** ergeben.

Veranlasst der Dienstberechtigte oder der Dienstverpflichtete durch vertragswidriges Verhalten die Kündigung des anderen Teils, ist er gem. **§ 628 II** zum Ersatz des durch die Beendigung des Dienstverhältnisses entstandenen Schadens verpflichtet.

Voraussetzungen des § 628 II:

1. Dienstvertrag
2. Vertragswidriges Verhalten: Das vertragswidrige Verhalten muss das Gewicht eines wichtigen Grundes i.S.d. § 626 haben.

Dienstvertrag (2)

3. **Vertretenmüssen:** Ungeschriebenes Tatbestandsmerkmal, kann sich **auch** aus **§ 278** ergeben.
4. Kündigung: Das **vertragswidrige Verhalten** muss die Kündigung verursacht haben. Ob eine ordentliche oder eine außerordentliche Kündigung erfolgt, ist unerheblich. Der Anspruchsberechtigte hat dabei die Frist des § 626 II einzuhalten.
5. Rechtsfolge: Der vertragswidrig Handelnde ist zum Ersatz des durch die Kündigung entstandenen Schadens verpflichtet. Der Anspruch ist **zeitlich begrenzt**. Es werden nur die Schäden ersetzt, die bis zu dem Zeitpunkt eingetreten sind, in dem der Dienstvertrag hätte ordentlich gekündigt werden können.

Die Leistung des Dienstverpflichteten kann **unmöglich** werden. Ist die Dienstleistung nur zu einem bestimmten Zeitpunkt möglich, tritt Unmöglichkeit durch Zeitablauf ein.

Eine **Schlechtleistung** wird einen Anspruch aus §§ 280 I u. III, 281 nur ganz ausnahmsweise begründen können, denn der Dienstverpflichtete schuldet nur das Tätigwerden, es besteht bei Dienstverträgen daher auch kein Nacherfüllungsanspruch.

IV. **Beendigung** des Dienstverhältnisses:

- mit dem **Tod** des Dienstverpflichteten,
- gem. **§ 620** durch **Zeitablauf**,
- durch **ordentliche Kündigung** gem. **§ 621**,
- durch **außerordentliche Kündigung** aus wichtigem Grund gem. **§ 626 I**; regelmäßig wird nur eine schwere Verletzung der Vertragspflichten eine Kündigung gem. § 626 I rechtfertigen,
- fristlos **ohne besonderen Grund** gem. **§ 627 I** bei **Diensten höherer Art**, die aufgrund besonderen Vertrauens übertragen zu werden pflegen.

Behandlungsvertrag (1)

Der Behandlungsvertrag ist eine Sonderform des Dienstvertrags, die **besonderen Regelungen** der **§ 630a–h** werden gem. § 630b durch die Vorschriften des freien Dienstverhältnisses ergänzt.

Hauptleistungspflicht des Behandelnden ist gem. § 630a I die **medizinische Behandlung**. Der Patient verpflichtet sich zur Zahlung einer Vergütung, soweit nicht ein Dritter zur Zahlung verpflichtet ist.

Eine medizinische Tätigkeit ist **nicht nur die ärztliche Tätigkeit**, sondern auch die medizinische Tätigkeit von Hebammen, Heilpraktikern, Physiotherapeuten, Masseuren und ähnlichen Berufen.

Behandelnder ist derjenige, der die medizinische Behandlung zusagt. Gem. §§ 630b, 613 ist der Behandelnde im Zweifel persönlich verpflichtet.

Zur Gewährung der vereinbarten **Vergütung** ist gem. § 630a I der Patient verpflichtet. **Bei Kassenpatienten** hat der behandelnde Arzt gem. § 85 IV S. 1 u. 2 SGB V einen Vergütungsanspruch gegen die Kassenärztliche Vereinigung, die gem. § 630a I als **Dritter zur Zahlung verpflichtet** ist.

Weitere Vertragspflichten: Nach **§ 630d I 1** ist der Behandelnde grundsätzlich verpflichtet, vor Durchführung einer medizinischen Maßnahme die Einwilligung des Patienten einzuholen:

- Primär ist die **Einwilligung des Patienten** einzuholen. Ist dieser nicht einwilligungsfähig, ist zunächst zu prüfen, ob eine **Patientenverfügung** die Maßnahme gestattet oder untersagt. Ist dies nicht der Fall, ist die **Einwilligung eines hierzu Berechtigten** einzuholen gem. § 630d I 2. Eine **Ausnahme** von dem Einwilligungserfordernis enthält § 630d I 3, wonach **unaufschiebbare Maßnahmen** ohne Einwilligung durchgeführt werden dürfen, wenn diese dem mutmaßlichen Willen entsprechen.
- Gem. § 630d II ist die Einwilligung nur wirksam, wenn vor ihrer Erteilung eine **Aufklärung gem. § 630e I–IV** erfolgt ist. Zum **Umfang** der Aufklärung enthält § 630e I 2 eine nicht abschließende Aufzählung.

  Die **Aufklärungsperson** muss gem. § 630e II 1 Nr. 1 entweder der Behandelnde oder ein zur Durchführung der Maßnahme Ausgebildeter sein.

Behandlungsvertrag (2)

- § 630c II 1 beinhaltet die sog. therapeutische oder **Sicherungsaufklärung**. Patient soll damit über alle Umstände informiert werden, die er für sein eigenes therapiegerechtes Verhalten und zur Vermeidung einer Selbstgefährdung kennen muss.
- Die **Dokumentationspflicht** (§ 630f) und die Pflicht zur Gewährung von Einsichtnahme in Patientenakten (§ 630g) sind Leistungspflichten des Behandelnden, die einklagbar und schadensersatzbewehrt sind.
- Gem. § 630c I besteht eine **Mitwirkungsobliegenheit**, welche jedoch keine Leistungspflicht i.S.d. § 241 I ist. Ein Verstoß kann daher nur zur Minderung führen.

Bei einer **Verletzung der vertraglichen Pflichten** haftet der Behandelnde gem. § 280 I. Zudem kommen bei Eingriffen, welche nicht durch eine Einwilligung gedeckt sind, Schadensersatzansprüche aus § 823 I und § 823 II BGB i.V.m. §§ 223 ff. StGB in Betracht:

- Nach **§ 630h I** wird ein Behandlungsfehler bei Realisierung eines **voll beherrschbaren, allgemeinen Behandlungsrisikos** vermutet. Hierzu zählen Gefahren, die Behandelnder objektiv voll ausschließen kann und muss, etwa Fehlen medizinisch-technischer Geräte oder Nichtbeachtung hygienischer Standards.
- Auch die **Eingriffsaufklärung** und die anschließende **Einwilligung** hat Behandelnder gem. **§ 630h II 1** zu beweisen. Der Behandelnde kann allerdings bei mangelhafter Aufklärung behaupten, dass Patient auch bei ordnungsgemäßer Aufklärung eingewilligt hätte (hypothetische Einwilligung, vgl. § 630h II 2).
- Rechtsfolge: Es wird gem. **§ 630h III** vermutet, dass eine vom Behandelnden behauptete wesentliche medizinische Maßnahme nicht stattgefunden hat.
- Fehlt es dem Behandelnden an der nach dem Maßstab des § 630a II erforderlichen **Befähigung**, so wird gem. **§ 630h IV** vermutet, dass dieses Fehlen für die Verletzung des Patienten ursächlich war.
- Die Ursächlichkeit eines Behandlungsfehlers für eine Verletzung wird gem. **§ 630h V 1** ebenfalls vermutet, wenn ein **grober Behandlungsfehler** vorliegt, der eine solche Verletzung grundsätzlich herbeiführen kann.
  Behandlungsfehler ist dann grob, wenn er aus objektiver Sicht nicht mehr verständlich erscheint, weil er gegen gesicherte und bewährte Erfahrungen verstößt und daher **schlechterdings nicht unterlaufen darf**.

Reise (1)

Durch den Pauschalreisevertrag wird der Reiseveranstalter verpflichtet, dem Reisenden eine **Gesamtheit von Reiseleistungen** zu erbringen, § 651a I 1. Der Reisende ist verpflichtet, den vereinbarten Reisepreis zu zahlen, § 651a I 2.

I. Vertragliche Beziehungen

1. Zwischen dem Reiseveranstalter und dem Reisenden kommt der **Reisevertrag**, § 651a, zustande.
2. Zwischen dem Reisenden und dem Reisebüro kommt ein **Geschäftsbesorgungsvertrag**, § 675 (sog. Reisevermittlungsvertrag), zustande.
3. Die **einzelnen Leistungserbringer**, d.h. die Unternehmen und Personen, die die Einzelleistung aus der Gesamtheit der Reise unmittelbar erbringen, schließen einen **Vertrag mit dem Reiseveranstalter**.

II. Beteiligte Personen

1. **Reiseveranstalter** ist jeder, der eine **Gesamtheit von Reiseleistungen als eigene Leistung** anbietet, der also nach dem Inhalt des Vertrags Schuldner des Reisenden für die einzelnen Reiseleistungen sein soll, die zu einer erfolgreichen Durchführung der Reise erbracht werden müssen.

   ⚠ Auch der **Reisevermittler** ist gem. **§ 651b I 2** als Reiseveranstalter anzusehen, wenn er nach den Gesamtumständen den Anschein gesetzt hat, dass er die Reiseleistungen in **eigener Verantwortung** erbringt.

   Dies ist insbesondere bei den sog. Rail-and-Fly-Tickets relevant. Der Reiseveranstalter muss für Bahnverspätungen beim Angebot eines Rail-and-Fly-Tickets haften, sofern er aus der maßgeblichen Sicht eines durchschnittliche Reisenden mit seinem Gesamtverhalten den Eindruck vermittelt, er biete den Bahntransfer als eigene Leistung an und wolle für den Erfolg einstehen.

II. Beteiligte Personen (Fortsetzung)

Der Reiseveranstalter muss **Unternehmer** i.S.d. **§ 14** sein. Zudem werden solche Unternehmer nicht erfasst, die Reisen nur gelegentlich, nicht zur Gewinnerzielung und nur einem begrenzten Personenkreis anbieten, vgl. **§ 651a V Nr. 1**.

2. Das **Reisebüro** berät den Reisenden bei der Auswahl der in Betracht kommenden Reiseveranstalter, händigt ihm deren Reiseprospekte aus und vermittelt den Vertragsschluss mit dem Reiseveranstalter.

   Das Reisebüro wird für den Reiseveranstalter tätig und nimmt das mündliche oder schriftliche Angebot des Kunden entgegen (Empfangsbote bzw. Empfangsvertreter gem. § 164 III), sodass das Angebot mit dem Inhalt wirksam wird, wie es der Reisende gegenüber dem Reisebüro abgegeben hat.

   Die Annahme des Angebots durch den Reiseveranstalter erfolgt im Regelfall mit einer schriftlichen Reisebestätigung. Das Reisebüro ist **Erfüllungsgehilfe des Reiseveranstalters**, § 278.

   Zwischen dem Reisewilligen und dem Reisebüro kommt ein **Geschäftsbesorgungsvertag** i.S.d. § 675 zustande, aus welchem das Reisebüro nach § 280 I haftet. Unter Umständen kann das **Reisebüro** aber als „Reiseveranstalter“ tätig geworden sein, was sich letztlich aus der **Sicht des Reisenden** beurteilt. So kann das Reisebüro etwa dann als **Reiseveranstalter** einzuordnen sein, wenn es **einzelne Reiseleistungen kombiniert**.

Reise (3)

II. Beteiligte Personen (Fortsetzung)

3. Die einzelnen **Leistungserbringer**, d.h. die Unternehmen und Personen, die die Einzelleistungen aus der Gesamtheit der Reise unmittelbar tatsächlich erbringen, sind nicht in die Organisation des Reiseveranstalters eingegliedert und unterliegen keinen arbeitsvertraglichen Weisungen. Es ist eine gewisse **rechtliche und wirtschaftliche Selbstständigkeit** erforderlich.

   Beförderungsunternehmen, Hoteliers, Fremdenführer, Segelschule.

   Sie sind **Erfüllungsgehilfen des Reiseveranstalters** für die er gem. **§ 278** mit der Möglichkeit der Haftungsbeschränkung nach § 651p I haftet. Ein völliger Haftungsausschluss ist nach § 651y S. 1 unwirksam.

4. **Reisender** i.S.d. §§ 651a ff. ist grds. der **Vertragspartner des Reiseveranstalters**, also derjenige, der mit dem Reiseveranstalter im eigenen Namen für sich oder andere einen Vertrag über eine Gesamtheit von Leistungen schließt.

   ⚠ Reisender kann daher auch derjenige sein, der als Vertragspartner eine Reise für Dritte bucht, ohne selbst eine der gebuchten Reiseleistungen in Anspruch zu nehmen.

   Bei der Buchung einer Reise für **mehrere Reiseteilnehmer** ist zu differenzieren:

   - bei **Gruppenreisen** kann davon ausgegangen werden, dass der Buchende nicht alleiniger Vertragspartner des Reiseveranstalters wird, sondern die anderen Reisenden beim Vertragsschluss nach § 164 vertritt.
   - bei **Familienreisen** besteht zwischen den Reisenden eine Interessen- und Wirtschaftsgemeinschaft, was für den Reiseveranstalter aufgrund der Namensidentität oder der sonstigen Umstände ersichtlich ist. Hier wird der Buchende grundsätzlich alleiniger Vertragspartner, die Rechte der Mitreisenden richten sich nach den Vorschriften über den Vertrag zugunsten Dritter (§§ 328 ff.).

   Der Vertrag zwischen dem Veranstalter und dem Leistungsträger ist in der Regel als **echter Vertrag zugunsten des Reisenden**, § 328, auszulegen, sodass der Reisende gegen den Leistungsträger einen eigenen Erfüllungsanspruch auf die Einzelleistung hat.

III. Pauschalreisevertrag

Der Reisende und der Reiseveranstalter müssen sich darüber einigen, dass der Reiseveranstalter eine **Mehrheit von Reiseleistungen** erbringen soll. Dazu sind mindestens zwei verschiedene Arten von Reiseleistungen für den Zweck derselben Reise erforderlich, § 651a II 1.

⚠ Kataloge oder Reiseprospekte stellen lediglich eine *invitatio ad offerendum* dar.

Das **Angebot liegt regelmäßig in der Buchung** durch den Reisenden, der Reiseveranstalter nimmt das Angebot unmittelbar durch das Buchungsprogramm oder spätestens durch die Reisebestätigung an.

Gem. § 651d III 2 muss dem Reisenden bei oder unverzüglich nach Vertragsschluss eine **schriftliche Reisebestätigung** ausgehändigt werden. Jedoch ist die Einhaltung der gesetzlichen Schriftform nicht erforderlich, da sie den Zweck hat, dem Reisenden als Beweisurkunde für den Inhalt des Reisevertrags zu dienen.

Als **Hauptleistungspflicht** schuldet der Reiseveranstalter die **mangelfreie Erbringung der Reiseleistung**. Darüber hinaus werden auch die **Informations- und Nachweispflichten** nach dem EGBGB (vgl. die Verweise in § 651d) zu den Hauptleistungspflichten des Reiseveranstalters gezählt.

Wichtigste Nebenpflichten sind die Schutz- und Obhutspflichten gegenüber dem Reisenden (§ 241 II).

Der Reisende muss den **Reisepreis zahlen**. Fehlt eine Fälligkeitsabrede, so gilt Werkvertragsrecht analog, d.h. die Vergütung wird erst nach Beendigung der Reise fällig, §§ 641 I, 646 analog.

Eine **Änderung des Reisepreises** ist nur unter den Voraussetzungen des **§ 651f** zulässig.

IV. Rechte des Reisenden vor Reisebeginn

Zwischen Vertragsschluss und Leistungserbringung liegt i.d.R. ein längerer Zeitraum, in welchem sich Umstände ändern können.

Der Reisende kann daher ein Interesse haben, sich einseitig vom Vertrag zu lösen:

- Gem. **§ 651e I 1** kann der Reisende bis zum Beginn der Reise verlangen, dass ein Dritter an seiner Stelle in die Rechte und Pflichten aus dem Reisevertrag eintritt. Dem Reiseveranstalter steht nach § 651e II ein Widerspruchsrecht zu. Die Erklärung muss dem Veranstalter bis zu einer angemessenen Frist vor Reisebeginn vorliegen, damit er die Widerspruchsgründe prüfen kann.

  Rechtsfolge ist

  - ein **Parteiwechsel**, d.h. der Dritte tritt durch **Vertragsübernahme** in die gesamte Rechtsstellung des Reisenden ein;
  - gem. **§ 651e III**, dass der Dritte und der „Reisende" dem Reiseveranstalter als **Gesamtschuldner** für den Reisepreis und die ggf. entstandenen Mehrkosten haften.
- Gem. **§ 651i I** kann der Reisende **vor Reisebeginn ohne besonderen Grund** jederzeit vom Reisevertrag zurücktreten. Der Reiseveranstalter verliert nach S. 1 seinen Vergütungsanspruch und kann lediglich nach S. 2 eine angemessene Entschädigung beanspruchen.
- Erhöht der Reiseveranstalter den Reisepreis gem. **§ 651f I**, so kann der Reisende bei einer **Erhöhung um mehr als 8 %** oder Änderung einer wesentlichen Reiseleistung gem. § 651g I vom Vertrag **zurücktreten.**
- Nach ganz h.M. sind bereits **ab Vertragsschluss die §§ 651i ff. spezieller als das allgemeine Leistungsstörungsrecht und verdrängen dieses**. Nur so können Rechtssicherheit und Rechtsklarheit geschaffen werden, zufällige Ergebnisse hinsichtlich des Zeitpunkts der Leistungsstörung werden vermieden.

Reise (6)

V. Mängelgewährleistung

Ist die Reise mangelhaft, kann der Reisende

- zunächst **Abhilfe** verlangen, **§ 651k I**, und nach Fristsetzung selbst Abhilfe schaffen und Aufwendungsersatz verlangen, **§ 651k II**.
- **Minderung** des Reisepreises verlangen, **§ 651m I**.
- **kündigen**, **§ 651l I**.
- **Schadensersatz (§ 651n)** oder Ersatz vergeblicher Aufwendungen gem. § 284 verlangen.

Der Reiseveranstalter hat dem Reisenden die Pauschalreise frei von Reisemängeln zu verschaffen, § 651i I. Das ist nicht der Fall, wenn

- die **vereinbarte Beschaffenheit** fehlt (§ 651i II 1). Soweit die Beschaffenheit nicht vereinbart ist, ist die Pauschalreise nicht frei von Reisemängeln, wenn
  - sie sich für den nach dem **Vertrag vorausgesetzten Nutzen** nicht eignet (§ 651i II 2 Nr. 1), ansonsten
  - sie sich für den **gewöhnlichen Nutzen** nicht eignet oder
  - eine **Beschaffenheit** aufweist, die bei Pauschalreisen der gleichen Art nicht **üblich** ist oder die der Reisende nach der Art der Pauschalreise nicht **erwarten** kann (§ 651i II 2 Nr. 2).

  Außerdem liegt ein Reisemangel vor, wenn der Reiseveranstalter Reiseleistungen nicht oder mit unangemessener **Verspätung** verschafft, § 651i II 3.

V. Mängelgewährleistung (Fortsetzung)

Abzugrenzen sind Mängel i.S.d. § 651i insbesondere von

- der **bloßen Verwirklichung des allgemeinen Lebensrisikos**,

  Steinwurf eines Eingeborenen bei Tracking-Tour; Raubüberfall bei Landgang.

- **Unannehmlichkeiten**, die im Rahmen des Massentourismus hingenommen werden müssen.

  Servieren eines halbgefrorenen Sandwiches; Plastikstühle in einem preiswerten Restaurant.

1. Rechte des Reisenden

a) Die **Selbstabhilfe** ist gem. § 651k II 1 grundsätzlich nur zulässig, wenn der Reisende Abhilfe innerhalb einer angemessenen Frist verlangt hat und diese Frist fruchtlos verstrichen ist.

Bei der **Bemessung der angemessenen Frist** sind die beiderseitigen Interessen zu berücksichtigen, insbesondere die Aktualität und Intensität der Störung, Dauer der Reise sowie Zumutbarkeit des Abwartens.

Die Fristsetzung ist gem. § 651k II 2 entbehrlich, wenn die Abhilfe verweigert wird oder wenn die sofortige Abhilfe durch ein besonderes Interesse des Reisenden geboten ist.

Soweit der Reisende zur Selbsthilfe berechtigt war, kann er Ersatz der **erforderlichen Aufwendungen** verlangen.

b) Der Reisende kann unter den Voraussetzungen des § 651n **Schadensersatz** verlangen. Hierfür muss er den Reisemangel dem Reiseveranstalter angezeigt bzw. fruchtlos Abhilfe verlangt haben.

Den **Reisemangel** hat der Reiseveranstalter entweder **selbst zu vertreten oder** er muss sich das **Verschulden** der **Leistungserbringer nach § 278 zurechnen lassen**.

V. Mängelgewährleistung (Fortsetzung)

c) Der **Aufwendungsersatzanspruchs aus § 284** erfordert zunächst die **Voraussetzungen** des **§ 651 III** und des **§ 651n I** (arg. e. „anstelle" i.S.d § 284). Zudem müssen **vergebliche Aufwendungen** des Reisenden im Vertrauen auf den Erhalt der Reiseleistung vorliegen, die der Reisende **billigerweise machen durfte**. Schließlich muss der Zweck der Aufwendungen auch **ohne die Pflichtverletzung erreicht** worden sein, was jedoch zu vermuten ist („es sei denn"). Auch der Anspruch gem. § 284 ist ausgeschlossen, soweit der Reiseveranstalter infolge einer schuldhaft unterlassenen Anzeige des Reisemangels gem. § 651o I nicht Abhilfe schaffen konnte, vgl. **§ 651o II Nr. 2**.

d) Die **Minderung** des Reisepreises tritt gem. § 651m **kraft Gesetz** ein. Eine Erklärung ist also nicht erforderlich. § 651m II 2 verweist bezüglich des bereits gezahlten Reisepreises auf die **Rückabwicklungsregelung** der **§ 346 f.**

Eine zum Nachteil des Reisenden **abweichende Vereinbarung** ist gem. **§ 651y S. 1 unwirksam**.

e) Bei einem **Schaden an den Rechtsgütern** des Reisenden haftet der Reiseveranstalter unter den Voraussetzungen des § 651n und des **§ 823**. Der deliktische Anspruch steht **neben dem Gewährleistungsanspruch**, d.h. § 823 besteht auch dann, wenn § 651n nach § 651j oder § 651p ausgeschlossen ist.

Der Reiseveranstalter haftet nicht für den **Leistungserbringer** nach § 831, weil dieser mangels Weisungsabhängigkeit **nicht Verrichtungsgehilfe** ist.

Jedoch kann der Veranstalter nach § 823 I wegen der **Verletzung einer Verkehrssicherungspflicht** haften. Die rechtlich gebotene Verkehrssicherung umfasst die Sicherheitsvorkehrungen, die ein verständiger, umsichtiger, vorsichtiger und gewissenhafter Reiseveranstalter für ausreichend halten darf, um die Reisenden vor Schäden zu bewahren, und die ihm den Umständen nach zumutbar sind.

V. Mängelgewährleistung (Fortsetzung)

f) Schließlich enthält **§ 651l** ein Recht zur **Kündigung**. Danach kann Reisender bei einer **erheblichen Beeinträchtigung** der Reise (§ 651l) kündigen.

Die **Kündigungserklärung** kann sowohl ausdrücklich als auch konkludent erfolgen.

Rechtsfolgen der Kündigung:

- **Bestehenbleiben** des Anspruchs auf den vereinbarten Reisepreis bzgl. erbrachter und noch zu erbringender Reiseleitungen, § 651l II S. 1 Hs. 1.
- **Erlöschen** des Anspruchs auf den vereinbarten Reisepreis bzgl. nicht zu erbringender Reiseleistungen oder entsprechender Rückzahlungsanspruch, § 651l II S. 2.
- Für den Fall, dass die Beförderung des Reisenden vertraglich umfasst war, Verpflichtung zur Rückbeförderung und zum Tragen der **Mehrkosten für** die **Rückbeförderung**, § 651l III.

g) **Verhältnis der Mängelansprüche** zueinander:

- Der Schadensersatzanspruch kann **neben** dem Aufwendungsersatzanspruch, der Minderung und der Kündigung geltend gemacht werden, § 651n I.
- Vom Zeitpunkt einer wirksamen Kündigung an kann keine Minderung mehr verlangt werden, weil mit der Kündigung der Vergütungsanspruch erlischt.
- Das Kündigungsrecht aus § 651l wird nicht durch das Rücktrittsrecht aus § 651g verdrängt.

Reise (10)

V. Mängelgewährleistung (Fortsetzung)

2. **Verjährung der Gewährleistungsrechte:**
   - Die Gewährleistungsrechte aus §§ 651i ff. verjähren gem. § 651j 1 in **zwei Jahren** mit dem vertraglich vorgesehenen Reiseende.
   - Bei **Arglist des Reiseveranstalters** ist mangels Ausnahmeregelung im Reisevertragsrecht auf den § 634a III zurückzugreifen, womit die regelmäßige dreijährige Verjährungsfrist des § 195 gilt (str.).

Maklervertrag (1)

Mit dem Maklervertrag verpflichtet sich der Auftraggeber für den **Nachweis** der Gelegenheit zum Abschluss eines Vertrags **oder** die **Vermittlung** eines Vertrags ein Entgelt zu zahlen **(§ 652 I 1)**.

I. Die Einigung

Parteien müssen sich darüber einigen, dass sich der Auftraggeber zur Zahlung einer **Provision** verpflichet, falls der Hauptvertrag zustandekommt. Der Maklerlohn kann gem. **§ 653 I** als stillschweigend vereinbart gelten.

Maklerverträge werden regelmäßig ausdrücklich geschlossen. Ein **konkludenter** Vertragsschluss kommt nur dann in Betracht, wenn das Verhalten der Parteien den **eindeutigen Willen** erkennen lässt, dass der eine Teil für den anderen zur Vermittlung von Verträgen eingeschaltet werden soll. Der Makler kann etwaige Unsicherheiten aufseiten des anderen Teils durch ein ausdrückliches Provisionsverlangen beseitigen.

II. Pflichten und Pflichtverletzungen

Mit dem **Vertragsschluss** entstehen **noch keine Leistungspflichten**, der Makler ist nicht zum Tätigwerden verpflichtet. Der Auftraggeber muss die Provision erst zahlen, wenn er den Hauptvertrag abgeschlossen hat. Der Auftraggeber darf sich grds. auch selbst um den Abschluss bemühen und auch andere Makler beauftragen.

Der Auftraggeber kann dem Makler einen **Alleinauftrag** erteilen. Dann ist der Makler **verpflichtet**, für den Auftraggeber **tätig zu werden**.

III. Voraussetzungen des Provisionsanspruchs aus § 652 I

1. Wirksamer **Maklervertrag**
2. **Erbringung der Maklerleistung:** Erforderlich ist der **Nachweis** der Gelegenheit zum Abschluss eines Vertrages oder die **Vermittlung** eines Vertrages oder beides.

Maklervertrag (2)

III. Voraussetzungen des Provisionsanspruchs aus § 652 I (Fortsetzung)

- Eine **Vermittlungstätigkeit** als provisionsbegründende Tätigkeit erfordert die bewusste und aktive Einwirkung des Maklers auf den zukünftigen Hauptvertragspartner seines Auftraggebers mit dem Ziel der Herbeiführung eines Hauptvertrages.
- Ein **Nachweis der Gelegenheit zum Abschluss eines Vertrages** liegt vor, wenn der Kunde des Maklers durch dessen Mitteilung in die Lage versetzt wird, in konkrete Verhandlungen über den von ihm angestrebten Hauptvertrag einzutreten.

  Diese Nachweistätigkeit setzt eine **solch präzise Mitteilung des Gegenstandes und des möglichen Vertragspartners des Hauptvertrages** durch den Makler voraus, dass der Kunde von sich aus die Vertragsverhandlungen über den angestrebten Hauptvertrag mit dem Dritten aufnehmen kann.

  ⚠ Eine Namhaftmachung ist gem. § 242 entbehrlich, wenn bei der Mitteilung der Angaben zum Objekt keine weiteren Nachforschungen zur Feststellung des Interessenten erforderlich sind oder wenn es dem Maklerkunden vorerst nicht auf dessen Person ankam.

3. Der Abschluss des Hauptvertrages: Der **Provisionsanspruch** entsteht mit dem **wirksamen Abschluss des Hauptvertrages**, wobei grds. der Abschluss des schuldrechtlichen Vertrags – ohne dass das dingliche Erfüllungsgeschäft zustande kommen muss – ausschlaggebend ist.

   Der Provisionsanspruch **bleibt bestehen**, wenn der **wirksam zustande gekommene** Hauptvertrag **nachträglich rückabgewickelt** wird.

   ⚠ Das **Risiko des Zustandekommens des Hauptvertrages** trägt der **Makler**, hingegen trägt das **Risiko der Durchführung des Hauptvertrages** der **Auftraggeber**.

Maklervertrag (3)

III. Voraussetzungen des Provisionsanspruchs aus § 652 I (Fortsetzung)

Kommt der **Hauptvertrag nicht wirksam zustande** oder ist er **von Anfang an unwirksam**, besteht kein Provisionsanspruch des Maklers:

- Dies gilt insbesondere bei Nichtigkeit gem. § 134, § 138 oder anfänglicher Unmöglichkeit gem. § 275 I. Auch bei Formnichtigkeit besteht kein Anspruch des Maklers. Eine nachträgliche Heilung des Formmangels lässt auch den Provisionsanspruch entstehen.
- Steht der Hauptvertrag unter einer aufschiebenden Bedingung, entsteht auch der Provisionsanspruch erst mit Bedingungseintritt. Bei einer auflösenden Bedingung entsteht der Anspruch des Maklers sofort.
- Anfechtung des Hauptvertrags wirkt gem. § 142 I zurück und beseitigt auch den Provisionanspruch.

Provisionsanspruch bleibt bestehen, wenn der (wirksam zustandegekomme) Hauptvertrag **nachträglich unwirksam oder rückabgewickelt** wird:

- Dies gilt insbesondere bei **nachträglichen Leistungshindernissen** gem. § 275 I–III, Kündigung des Hauptvertrags, Aufhebungsvereinbarung oder Rücktritt gem. § 323 oder § 313 Abs. 3 S. 1.
- Auch beim **Rücktritt vom Hauptvertrag** nach dem Gewährleistungsrecht (§§ 437 Nr. 2, 323) bleibt der Provisionsanspruch grundsätzlich bestehen. Eine **Ausnahme** wird dann gemacht, wenn der **Käufer arglistig getäuscht** wurde. Dann ist es nämlich zufällig, ob der Käufer sich für den Rücktritt oder die Anfechtung entscheidet. Der Provisionsanspruch entfällt allerdings nur dann, wenn der arglistig getäuschte Käufer den Rücktritt innerhalb der Anfechtungsfrist des § 124 erklärt.

4. **Kongruenz:** Zwischen dem nach dem Maklervertrag beabsichtigten und dem abgeschlossenen Hauptvertrag ist eine **inhaltliche Identität** erforderlich, d.h. es muss der mit dem Maklervertrag verfolgte wirtschaftliche Zweck mit Abschluss des Hauptvertrages erreicht werden.

Maklervertrag (4)

III. Voraussetzungen des Provisionsanspruchs aus § 652 I (Fortsetzung)

Zudem muss die **persönliche Identität** gewahrt sein, d.h. der Hauptvertrag muss zwischen dem Auftraggeber und dem Dritten zustande gekommen sein, es sei denn, dass der Auftraggeber will, dass eine andere Person an seiner Stelle den Vertrag abschließt.

5. Ursächlichkeit der Maklertätigkeit: Die **Tätigkeit des Maklers** muss für den Abschluss des Hauptvertrages **mitursächlich** geworden sein. Folgt der Vertragsschluss der **Nachweistätigkeit** des Maklers in **angemessenem Zeitabstand (maximal ein Jahr!)** nach, ergibt sich daraus der Schluss auf den Ursachenzusammenhang zwischen beiden von selbst.
6. Kenntnis des Auftraggebers: Der Auftraggeber muss spätestens bei Abschluss des Hauptvertrages **tatsächliche Kenntnis von der Maklertätigkeit** gehabt haben.
7. **Kein Ausschluss:** Der Makler kann den Provisionsanspruch jedoch dann nicht geltend machen, wenn er seine vertraglichen Pflichten vorsätzlich oder grob fahrlässig in schwerwiegender Weise verletzt und dadurch den Interessen seines Auftraggebers in wesentlicher Weise zuwider handelt.
   ⚠ Nach Ansicht des BGH ist für diesen Fall **§ 654 analog** anzuwenden.

IV. Verletzung der Vertragspflichten

1. Pflichtverletzungen des Maklers:
   - Da der **Makler** keine Pflicht zum Tätigwerden hat, kommen Ansprüche wegen Nichterfüllung der Leistungsverpflichtung nicht in Betracht. Für den Makler bestehen jedoch, wie für jeden Vertragspartner, in zumutbarem Maße **gem. § 241 II nicht leistungsbezogene Nebenpflichten**.

     ⚠ Hierzu gehört insbesondere die Pflicht zur umfassenden und wahrheitsgemäßen Information über alle für den Entschluss des Auftraggebers wesentlichen Punkte.

Maklervertrag (5)

IV. Verletzung der Vertragspflichten (Fortsetzung)

- Daneben sieht **§ 654** eine **Verwirkung des Provisionsanspruchs** für den speziellen Fall der Pflichtverletzung durch vertragswidrige Doppeltätigkeit des Maklers vor.

  Bei befristeten Maklerverträgen können darüber hinaus Pflichtverletzungen des Maklers einen **wichtigen Grund für die außerordentliche Kündigung gem. § 314** darstellen.

2. Pflichtverletzungen des Auftraggebers

   Leistet der zur Zahlung der Provision verpflichtete **Auftraggeber** nicht, kann der Makler unter den Voraussetzungen der §§ 280 I u. II, 286 den Verzögerungsschaden ersetzt verlangen.

V. Beendigung des Maklervertrags

1. Der **unbefristete Maklervertrag** kann von beiden Parteien bis zum Abschluss des Hauptvertrages jederzeit **gekündigt** werden.

   ⚠ Beim Auftraggeber wird die Kündigung in Anlehnung an § 671 I auch Widerruf genannt.

2. Der **befristete Maklervertrag** kann vorzeitig nur bei Vorliegen eines wichtigen Grundes durch Kündigung gem. § 314 beendet werden.
3. Im Übrigen kommen als Beendigungsgründe noch der **Abschluss eines Aufhebungsvertrages** und nach **§ 673 S. 1 analog der Tod des Maklers** in Betracht.

Maklervertrag (6)

VI. Besondere Maklerverträge

1. Nach der Bestimmung des **§ 655a** liegt ein **Darlehensvermittlungsvertrag** dann vor, wenn ein Unternehmer einem Verbraucher gegen Entgelt einen Verbraucherdarlehensvertrag i.S.d. § 491 I vermittelt oder ihm die Gelegenheit zum Abschluss eines solchen Vertrages nachweist.
2. Das Versprechen des Ehemaklerlohns begründet **nach § 656 I keine Verbindlichkeit**, sondern **nur eine Naturalobligation**. Das bedeutet, dass der **Ehemakler** keinen durchsetzbaren Provisionsanspruch erhält, aber eine Provision, die er bereits erhalten hat, nicht wieder herausgeben muss, § 656 I 2.
3. Wird der Ehemaklervertrag mit Hilfe eines Darlehens finanziert, so wird die Rückzahlungspflicht gegenüber dem Darlehensgeber teilweise entsprechend § 656 ebenfalls als Naturalobligation angesehen. Regelmäßig handelt es sich um verbundene Verträge i.S.d. § 358 III, sodass sich **aus einer dem Zweck des sog. Einwendungsdurchgriffs gem. § 359 entsprechenden Auslegung des § 656 ergibt**, dass die Darlehensrückzahlung gem. § 488 I 2 gegenüber dem Darlehensgeber analog § 656 verweigert werden kann.
4. In der Praxis haben **Partnervermittlungsverträge**, die auf die Begründung **außerehelicher Partnerschaften** gerichtet sind, den Ehemaklervertrag verdrängt. I.d.R. handelt es sich hierbei um Verträge, die auf eine erfolgsunabhängige Tätigkeit gerichtet sind, auf die **die Regelungen über den Dienstvertrag gem. §§ 611 ff. und § 656** Anwendung finden.
5. **Sonderbestimmungen** gelten **für den Handelsmakler nach §§ 93–104 HGB**. Der Handelsmakler ist im Gegensatz zum Makler i.S.d. §§ 652 ff. BGB unparteiischer Dritter; daher ist im Zweifel jede Partei des von ihm zustande gebrachten Vertrages zur Zahlung der Hälfte der Vergütung verpflichtet.

Eckpfeiler des Kreditsicherungsrechts (1)

I. Beteiligte Personen

Zur Sicherung einer Forderung (oft aus § 488 I 2) kann der Schuldner der zu sichernden Forderung oder ein Dritter sich gegenüber dem Gläubiger der zu sichernden Forderung per Sicherungsvertrag verpflichten, eine Sicherheit einzuräumen. Sodann wird die Sicherheit eingeräumt: Bei gegenständlichen Sicherheiten geschieht dies durch separate Verfügung (Abstraktionsprinzip) und bei persönlichen Sicherheiten stellt die Verpflichtung selbst die Sicherheit dar.

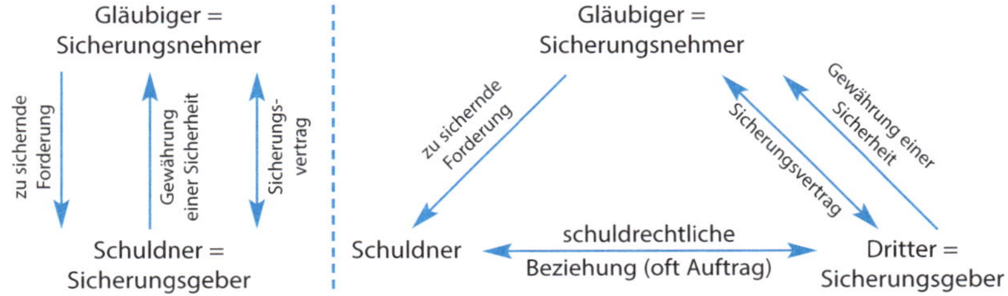

II. Der Sicherungsvertrag

Der Sicherungsvertrag hat die **größte Relevanz bei gegenständlich-abstrakten Sicherheiten:**

- **Rechtsgrund** für die Sicherheit, d.h. bei Nichtigkeit Anspruch des Sicherungsgebers gegen Sicherungsnehmer aus § 812 I 1 Var. 1 bzw. § 812 I 2 Var. 1 auf Rückgewähr der Sicherheit
- Wenn Schuldner nicht zahlt **(Eintritt des Sicherungsfalls)**, dann Anspruch des Sicherungsnehmers auf Herausgabe der Sicherheit (wenn nicht eh schon im Besitz) und Rechtfertigungsgrund für ihre Verwertung
- Wenn Schuldner vollständig zahlt **(Wegfall des Sicherungszwecks)**, dann Anspruch des Sicherungsgebers auf Rückgewähr der Sicherheit

Eckpfeiler des Kreditsicherungsrechts (2)

III. Gegenständliche und persönliche Sicherheiten

Gegenstände (insbes. Forderungen und Sachen – Synonym: „dinglich") kann **der Schuldner oder ein Dritter** als Sicherheit gewähren (Sicherungseigentum, Sicherungsabtretung, Faustpfandrecht, Hypothek, Grundschuld). „Sich selbst", also **das eigene Vermögen** als persönliche Sicherheit (Garantie, Bürgschaft, Schuldbeitritt), kann hingegen nur ein Dritter gewähren, denn der Schuldner haftet ohnehin bereits mit seinem gesamten Vermögen aus der gesicherten Forderung.

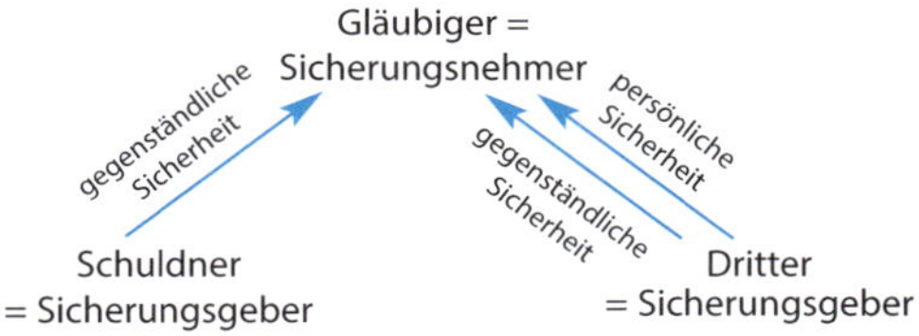

IV. Akzessorische und abstrakte Sicherheiten

Akzessorische Sicherheiten teilen kraft Gesetzes **unmittelbar das Schicksal** der gesicherten Forderung (Bürgschaft, Hypothek, Faustpfandrecht).

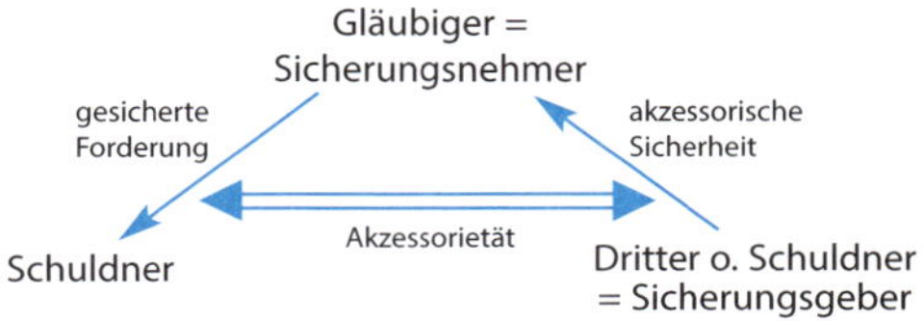

Abstrakte Sicherheiten bestehen unabhängig von einer Forderung (Sicherungseigentum, Sicherungsabtretung, Grundschuld). **Über den Sicherungsvertrag** wirkt sich aber das Schicksal der Forderung **mittelbar** auf die Sicherheit aus (Eintritt des Sicherungsfalls, Fortfall des Sicherungszwecks, vgl. 76).

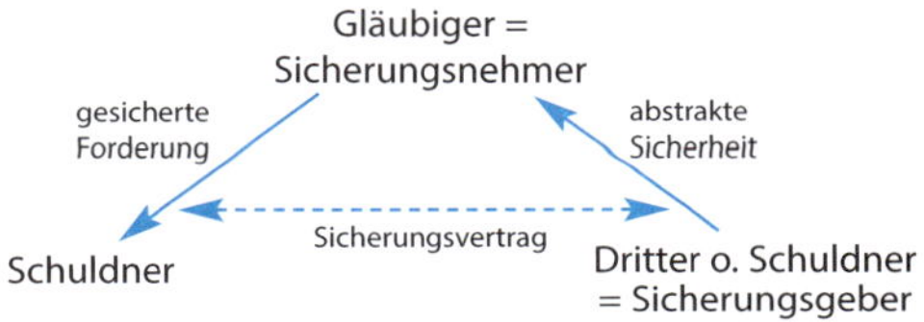

Eckpfeiler des Kreditsicherungsrechts (3)

IV. Entstehung (Ersterwerb) und Übertragung (Zweiterwerb) der Sicherheit

Die **Erschaffung** einer Sicherheit „aus dem Nichts“ (Entstehung, Ersterwerb) ist von der (auch mehrfachen) **Übertragung** einer bereits bestehenden Sicherheit (Zweiterwerb) zu unterscheiden, denn sie haben **verschiedene Voraussetzungen:**

	Ersterwerb	Zweiterwerb
Faustpfandrecht (dinglich/akzessorisch)	§§ 1204 ff.	§§ 1250 I 1, 401
Sicherungsübereignung (dinglich/abstrakt)	– – –	§§ 929 S. 1, 930
Eigentumsvorbehalt/Anwartschaftsrecht an beweglicher Sache* (dinglich/„akzessorisch“)	§§ 929 ff., 158 I	§§ 929 ff. analog (h.M.)
Forderungspfandrecht (dinglich/akzessorisch)	§§ 1274 I 1, 398	§§ 1273 II 1, 1250 I 1, 401
Sicherungsabtretung (dinglich/abstrakt)	– – –	§ 398
Hypothek (dinglich/akzessorisch)	§§ 873, 1113 ff.	§§ 401, 1153 I (⚠ § 1154 für Abtretung der Forderung)
Grundschuld (dinglich/abstrakt)	§§ 873, 1192 I, 1113 ff.	§§ 398, 1154, 1192 I
Bürgschaft (persönlich/akzessorisch)	§ 765	§ 401
Vormerkung (akzessorisch)	§§ 883, 885	§ 401 analog

* An Grundstücken kann kein Eigentümervorbehalt i.S.e. bedingten Übereignung erfolgen, § 925 II. Ein Anwartschaftsrecht kann aber auf anderem Wege entstehen: Nach § 873 II unwiderrufliche Auflassung und entweder Vormerkung oder Antrag des Erwerbers auf Eintragung des Vollrechtserwerbs im Grundbuch.

Bürgschaft (1)

Die Bürgschaft ist ein **einseitig verpflichtender Vertrag**, durch den sich der Bürge dem Gläubiger gegenüber verpflichtet, für die Erfüllung der Verbindlichkeit des Schuldners einzustehen (§ 765 I). Es sind also **drei schuldrechtliche Beziehungen** zu unterscheiden:

- Forderung des G gegen S, die gesichert werden soll (Hauptschuld);
- B ist G aus der Bürgschaft verpflichtet, soweit Hauptschuld entstanden, nicht erloschen und durchsetzbar (Akzessorietät);
- Rechtsverhältnis B–S, im Regelfall Auftrag.

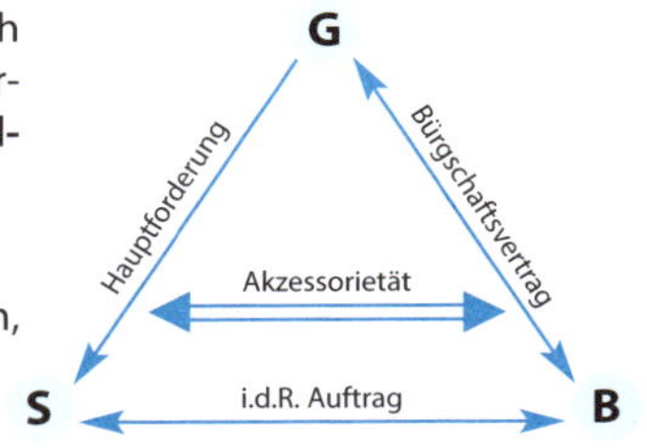

Zweigleisige Prüfung des Anspruchs aus § 765 aufgrund der Akzessorietät

I. Entstehung

1. Wirksame Einigung Bürge–Gläubiger über die Bürgschaft selbst

2. Entstehung der Hauptforderung Gläubiger–Schuldner **(Akzessorietät)**

II. Erlöschen

1. Erlöschen der Bürgschaft selbst: § 776 S. 1, § 777, Schuldrecht AT (insbes. §§ 362 ff., 418 Abs. 1 S. 1)

2. Erlöschen der Hauptforderung **(Akzessorietät)**, auch wegen Ausübung eines Gestaltungsrechts

III. Durchsetzbarkeit

1. Einrede gegen Bürgschaft selbst, insbesondere § 771

2. Einreden gegen die Hauptforderung (§ 768) und ihre Gestaltbarkeit (§ 770) **(Akzessorietät)**

Bürgschaft (2)

I. Einigung nach § 765

Die Schuld, für die die Bürgschaft übernommen wird, muss nach Gläubiger, Schuldner, Schuldgrund und -höhe bestimmt bzw. wenigstens bestimmbar sein.

Abgrenzung:

- Der **Bürge** will eine **fremde** Schuld begleichen, er will die Hauptforderung des Gläubigers gegen den Schuldner, so wie sie im Zeitpunkt der Geltendmachung der Bürgschaft besteht, erfüllen. Die Bürgschaft ist **streng akzessorisch** (§§ 767, 768, 770).
- Derjenige, der der **Schuld beitritt** (§ 311 I), wird Gesamtschuldner, d.h. er wird neben dem bisherigen Schuldner selbst verpflichtet, sodass er eine **eigene** Verbindlichkeit begründet. Der Schuldbeitritt ist bei **Entstehung akzessorisch, danach grundsätzlich abstrakt** (§ 425, Ausnahmen: §§ 422–424).
- Aufgrund des **Garantievertrags** (§ 311 I) wird die Verpflichtung begründet, für den Eintritt eines bestimmten zukünftigen Erfolgs einzustehen, oder es wird das Risiko einer zukünftigen Gefahr übernommen. Er ist vom Bestand und Umfang einer anderen Forderung völlig **unabhängig**, also abstrakt.

⚠ Im **Zweifel ist eine Bürgschaft anzunehmen** (gesetzlich vorgesehen; stärkster Schutz).

II. Wirksamkeit der Einigung

Neben den allgemeinen Nichtigkeitsgründen haben folgende Nichtigkeitsgründe besondere Bedeutung:

- § 125 S. 1 i.V.m. Schriftform des § 766 S. 1 u. 2 (Ausnahme: § 350 HGB)

  ⚠ Gilt nur für **Erklärung des Bürgen**. **Heilung** nach § 766 S. 3 durch Erfüllung möglich. Entgegen § 167 II ist auch die **Bevollmächtigung** zur Abgabe von Bürgschaftserklärungen formbedürftig. **Blankobürgschaft** kann analog § 172 II den Bürgen verpflichten.

Bürgschaft (3)

II. Wirksamkeit der Einigung (Fortsetzung)

- **Sittenwidrigkeit der Bürgschaft, § 138 I**

  I. Objektiver Tatbestand

  1. Grundsätzlich erfüllt, wenn

  a) krasse finanzielle Überforderung und (!)

  b) zusätzlich weitere Umstände, z.B.

  – Erhebliche Beeinträchtigung der Entscheidung des Bürgen oder

  – Besonderes persönliches Näheverhältnis zwischen Hauptschuldner und Bürgen

  2. Ausnahmsweise trotzdem kein Sittenverstoß, wenn

  – Eigenes wirtschaftliches Interesse des Bürgen an der Bürgschaft oder

  – Gefahr von Vermögensverlagerungen vom Hauptschuldner auf den Bürgen

  II. Subjektiver Tatbestand: Kenntnis der die Sittenwidrigkeit begründenden Umstände oder „bewusstes Sichverschließen" aufseiten des Gläubigers

- Gläubiger kann gem. §§ 142 I, 119 II seine Bürgschaftserklärung **anfechten**, wenn er über **finanzielle Leistungsfähigkeit** des Bürgen irrt. Hingegen kann Bürge dies bei Irrtum über Leistungsfähigkeit des Schuldners nicht, denn dessen Ausfall soll er ja gerade absichern.

- Ebenso ist eine **Anpassung** der bzw. ein **Rücktritt** von der Bürgschaft nach § 313 wegen **Störung/Wegfall der Geschäftsgrundlage** nicht geboten, wenn der Schuldner ausfällt. Die Bürgschaft soll dieses Risiko gerade absichern.

Bürgschaft (4)

II. Wirksamkeit der Einigung (Fortsetzung)

- Unwirksamkeit einer **Globalbürgschaft** für künftige Forderungen in **AGB:**
  - **Bestimmbarkeit** der künftigen Forderung genügt (§ 765 II), gleichwohl kann Verstoß gegen **Transparenzgebot** (§ 307 I 2) vorliegen;
  - **überraschend** (§ 305c I), wenn nur bestimmtes Geschäft Anlass der Bürgschaft war;
  - unangemessene Abweichung (§ 307 I 1, II Nr. 1) vom **Verbot der Fremddisposition** (§ 767 I 3), wenn Bürge bei Verbürgung Ausmaß der Bürgschaft nicht übersehen kann.

III. Bestehen der Hauptschuld (Akzessorietät)

Die Bürgschaftsschuld ist in ihrem **Entstehen von der Hauptschuld abhängig**, d.h. sie ist **akzessorisch** (vgl. § 767 I 1). Bei **Abtretung** der Hauptforderung geht die Bürgschaft gem. § 401 I (disponibel) auf den Zessionar über (Zweiterwerb).

IV. Erlöschen der Bürgschaftsforderung

- Die Bürgschaft erlischt, wenn die **gesicherte Forderung erlischt** (§ 767 I 1, Akzessorietät).
- Bei **zeitlicher Begrenzung** erlischt die Bürgschaft grds. mit Eintritt des Endtermins gem. § 777 I 1.
- Der Bürge wird gem. § 776 frei, wenn der Gläubiger auf eine für die Hauptforderung bestellte Sicherheit **verzichtet**. Gilt direkt für akzessorische und analog für abstrakte Sicherheiten.
- Die Bürgschaft erlischt gem. § 418 I 1 grds. bei **Schuld- oder (analog) Vertragsübernahme**. Ausnahmsweise bleibt sie gem. § 418 I 3 (analog) bei Einwilligung des Bürgen bestehen.

Bürgschaft (5)

IV. Erlöschen der Bürgschaftsforderung (Fortsetzung)

- Die **Kündigung** durch den Bürgen ist grds. nur im Fall der **Vereinbarung** eines Kündigungsrechts zulässig. Im Übrigen kann der Bürge eine auf unbestimmte Zeit geschlossene Bürgschaft nach **Ablauf** eines gewissen Zeitraums mit angemessener Frist oder **aus wichtigem Grund gem. §§ 314,242** (nachträglicher Vermögensverfall des Hauptschuldners) kündigen.
- **Widerruf** nach §§ 355 ff., 312 ff., 495
  - Bürgschaft ist laut BGH 2020 bereits kein Fall des § 312 I, da Bürge **nicht zur Zahlung eines Preises verpflichtet** ist, also **keine Entgeltlichkeit** besteht (a.A. noch BGH und EuGH zu § 312 I a.F.).
  - Entgeltlichkeit unterstellt: Laut **EuGH** und BGH 1998 fällt Bürgschaft nur unter § 312b I 1 (Außergeschäftsraumvertrag), wenn **Hauptschuldner Verbraucher** ist. Laut **BGH** 2006/2007 ist **Charakter der Hauptschuld** hingegen **irrelevant** und nur entscheidend, ob der **Bürge Verbraucher** ist.
  - Entgeltlichkeit unterstellt: Bürgschaft kann theoretisch **Fernabsatzvertrag** (§ 312c I) sein. Abschluss per **Fernkommunikationsmittel** ist möglich (§ 766 S. 3: Verstoß gegen Schriftformerfordernis heilbar). Vertragsschluss aber i.d.R. nicht im Rahmen eines **organisierten Vertriebssystems**.
  - Entgeltlichkeit unterstellt: Jedenfalls kein Widerrufsrecht nach § 495 I bei Verbürgung für **(Verbraucher-) Darlehen** (h.M.). Norm schützt nur den Darlehensnehmer, nicht den Bürgen.

V. Einreden des Bürgen

Dem Bürgen können **eigene Einreden aus dem Bürgschaftsvertrag** zustehen.

- Bürge und Gläubiger können besondere Einreden **vereinbaren**.
- § 771 S. 1 i.V.m. § 772, **Einrede der Vorausklage** – gilt nicht nach § 773, insbes. Nr. 1: **selbstschuldnerische Bürgschaft** oder nach § 349 S. 1 HGB **(Bürgschaft als Handelsgeschäft)**.
- § 214 I **Verjährung**, beachte **Hemmung** nach §§ 771 S. 2, 209.

Bürgschaft (6)

V. Einreden des Bürgen (Fortsetzung)

Der Bürge kann gemäß § 768 I 1 die **Einreden des Hauptschuldners gegen die gesicherte Forderung** geltend machen, selbst wenn der Hauptschuldner auf seine Einreden verzichtet hat (§ 768 II).

Darüber hinaus hat der Bürge die **Einrede der Gestaltbarkeit**, soweit der Schuldner anfechten (§ 770 I) bzw. sonstwie gestalten (§ 770 I analog) kann oder der Gläubiger aufrechnen kann (§ 770 II). Ein Recht nur des Schuldners zur Aufrechnung genügt nicht (h.M.). Ein Verzicht des Schuldners auf sein Gestaltungsrecht lässt die Einrede des Bürgen erlöschen (arg. e con. § 768 II).

Ohne Einfluss auf den Anspruch des Gläubigers gegen den Bürgen sind hingegen **Einwendungen oder Gegenrechte** des **Bürgen gegen den Hauptschuldner**, einschließlich eines möglichen Befreiungsanspruchs aus § 775.

⚠ Allerdings eignet sich der Anspruch aus § 775 hervorragend als **Klausuraufhänger**, denn er führt zu einer inzidenten Prüfung des Anspruchs aus § 765.

VI. Rückgriffsansprüche bei Zahlung

Der Bürge als alleiniger Sicherungsgeber zahlt

- Auch ohne ausdrückliche Vereinbarung entsteht ein **Aufwendungsersatzanspruch** des Bürgen **gegen den Hauptschuldner (§ 670)** aus Auftrag bzw. bei fehlender Einigung aus GoA, §§ 677, 683.
- Gem. **§ 774 I 1** geht die **Forderung des Gläubigers gegen den Schuldner** auf den Bürgen über.

Bürgschaft (7)

VI. Rückgriffsansprüche bei Zahlung (Forderung)

Ausgleich unter Mitbürgen, §§ 774 II, 426

Mitbürgen sind **Gesamtschuldner** (§ 774 II). Im Innenverhältnis bestehen folgende Ausgleichsansprüche:

- Originärer Ausgleichsanspruch gem. **§ 426 I:**
  Haftungsquote ergibt sich aus der Höhe der jeweils übernommenen Bürgschaft
  ⚠ Zahlender Bürge kann bereits **ab dem ersten Euro quotalen Ausgleich** bei Mitbürgen verlangen.
- Anteilige cessio legis gem. **§§ 426 II 1, 765**
  ⚠ Keine weitergehende, vollständige cessio legis gem. §§ 774 I, 412, 401 i.V.m. § 765, vgl. **§ 774 II**

Ausgleich zwischen einem Bürgen und einem anderen Sicherungsgeber

- **Bürgschaft + akzessorische Sicherheit:** wegen vollständiger cessio legis könnte der zuerst Zahlende vollen Regress nehmen. Es droht **Wettlauf der Sicherungsgeber**.
  Nach h.M. **Kürzung** des Regressanspruchs nach Maßgabe des § 426 (a.A.: Privilegierung des Bürgen).
  ⚠ Hingegen bei **Bürgschaft + Schuldbeitritt** gar kein Regress. Auch Schuldner selbst könnte vom Beitretenden weder gem. §§ 412, 401 I direkt (keine Akzessorietät) noch analog (nur nachrangige Haftung) Regress nehmen.
- **Bürgschaft + abstrakte Sicherheit:** keine cessio legis, daher könnte der zuerst Zahlende keinen Regress nehmen. Es droht **Stillstand der Sicherungsgeber**.
  Nach h.M. **Entstehung** eines anteiligen Regressanspruchs nach Maßgabe des § 426.
- **Aufbau in der Klausur:** In beiden Fällen **Tatbestand des § 421** prüfen, bei akzessorischer Sicherheit am Ende der Anspruchsgrundlage (Kürzung?) und bei abstrakter Sicherheit zu Beginn (Anspruchsentstehung?). **Gleiches Leistungsinteresse** liegt vor, es geht letztlich um Zahlung (vgl. § 1142 I, § 1223 II). Unter **Gleichstufigkeit** die Problematik diskutieren.

Vergleich (1)

I. Voraussetzungen, § 779 I Hs. 1

- **Rechtsverhältnis**: jede rechtlich erhebliche **Beziehung** von Person zu Person oder von einer Person zu einer Sache (≙ § 256 ZPO) – muss **disponibel** sein
- **Streit** oder **Ungewissheit**: ernstlich entgegengesetzte Vorstellungen
- **gegenseitiges Nachgeben**: irgendwelche Zugeständnisse beider Parteien, die nicht gleichwertig sein und sich nicht auf das streitige Rechtsverhältnis beziehen müssen

II. Unwirksamkeit

Neben den allgemeinen Nichtigkeitsgründen gelten folgende **Besonderheiten**:

- nur **formbedürftig, wenn enthaltene Verpflichtungen/Verfügungen formbedürftig**
- Die Anfechtung nach **§ 119 I ist ausgeschlossen, wenn** sich der Irrtum auf einen streitigen oder ungewissen Punkt bezieht, der gerade **Gegenstand des Vergleichs** war.
- Die **§§ 320 ff.** sind nur bei gegenseitigem Vergleichsvertrag mit **Synallagma** anwendbar.

  (+): A zahlt, B beseitigt im Gegenzug eine Störung; (–): A und B streiten um Höhe der Schuld des A. Sie einigen sich auf 3.000 €.
- Soweit der Anwendungsbereich des § 779 I Hs. 2 reicht, ist **§ 313** ausgeschlossen. Sind **andere Umstände** als die in § 779 I Hs. 2 genannten zur Grundlage des Vergleichs gemacht worden, ist § 313 hingegen anwendbar.

Vergleich (2)

III. Rechtsfolge

Der Vergleich **stellt** unabhängig von der wirklichen Rechtslage **verbindlich fest**, was zwischen den Parteien rechtens ist.

- Keine Novation der Rechtsbeziehung: **Sicherheiten und Einwendungen bleiben** daher im Zweifel **bestehen**.
- Vergleichsweiser **Erlass gegenüber einem Gesamtschuldner** hat gem. §§ 397 I, 423 grds. **Einzelwirkung**, d.h. der Gläubiger kann die Leistung nicht mehr von dem begünstigten Gesamtschuldner verlangen. Die anderen Gesamtschuldner können vom begünstigten Gesamtschuldner aber nach § 426 I u. II Regress nehmen, soweit der Gläubiger sie über ihren Haftungsanteil hinaus in Anspruch genommen hat.

  Bei einer **Gesamtwirkung** könnte der Gläubiger von keinem Gesamtschuldner mehr die Leistung verlangen. Das ist aber in der Regel vom Gläubiger bei Vergleichsschluss nicht gewollt.

  Bei einer **beschränkten Gesamtwirkung** müsste der begünstigte Gesamtschuldner weder an den Gläubiger leisten noch den anderen Gesamtschuldnern Regress gewähren. Das wäre aber ein unzulässiger Vergleich zulasten der anderen Gesamtschuldner.
- Vergleich über dingliches Recht wirkt erst mit **Publizitätsakt** (Übergabe; Grundbucheintrag).

Schuldversprechen, Schuldanerkenntnis, Tatsachenanerkenntnis (1)

Die Äußerung, zur **Begleichung einer Schuld verpflichtet** zu sein, kann

- ein **abstraktes Schuldanerkenntnis** oder **Schuldversprechen** gem. §§ 780, 781,
- ein **kausales** (deklaratorisches) Schuldanerkenntnis,
- ein reines **Tatsachenanerkenntnis** oder
- eine bloße unverbindliche **Beruhigungserklärung**

darstellen.

I. Abstraktes/konstitutives Schuldanerkenntnis bzw. -versprechen, §§ 780, 781

Schriftliche Einigung darüber, dass eine **neue selbstständige** Verbindlichkeit entstehen soll.

Das Schuldanerkenntnis wird **im Regelfall erfüllungshalber, § 364 II**, abgegeben, sodass die ursprüngliche Forderung nach h.A. bis zur Erfüllung des neuen Anspruchs aus dem Anerkenntnis nur gestundet ist. Das Schuldanerkenntnis hat also grds. **nicht die Aufhebung** des ursprünglichen Vertrags zur Folge.

Der Schuldner kann gem. § 812 I 1 Var. 1, II das Schuldanerkenntnis, das er **ohne Rechtsgrund** geleistet hat, zurückfordern bzw. seiner Inanspruchnahme § 821 entgegenhalten. Dabei muss allerdings der Schuldner beweisen, dass die ursprüngliche Verbindlichkeit nicht bestand und daher kein Rechtsgrund für das Anerkenntnis vorliegt. Die **Beweislast** hinsichtlich der kompletten Verbindlichkeit ist also im Vergleich zur Situation vor dem Anerkenntnis **umgekehrt**.

Schuldversprechen, Schuldanerkenntnis, Tatsachenanerkenntnis (2)

II. Kausales/deklaratorisches/bestätigendes Schuldanerkenntnis, § 311 I

Es wird **keine neue Verbindlichkeit** begründet, sondern die bestehende oder vermeintliche wird **bestätigt**.

- **formfrei** möglich
- Der Schuldner ist mit **allen Einwendungen und Einreden** gegen die bestätigte Verbindlichkeit **ausgeschlossen**, die er bei Abgabe des kausalen Schuldanerkenntnisses **kannte** oder mit denen er **zumindest rechnen musste**.
- Mangels Selbstständigkeit kann das deklaratorische Schuldanerkenntnis **nicht kondiziert** werden.

  ⚠ Das deklaratorische Schuldanerkenntnis ist also **für den Anerkennenden wesentlich gefährlicher** als das abstrakte.

III. Tatsachenanerkenntnis

Das Tatsachenanerkenntnis erfolgt ohne Rechtsbindungswillen. Es bewirkt daher **keinen Einwendungs- und Einredenausschluss**, sondern lediglich eine **Umkehr der Beweislast** bezüglich der anerkannten **Tatsache**.

Äußerung am Unfallort, dass man nicht aufgepasst habe oder zu schnell gefahren sei.

IV. Beruhigungserklärung

Wenn nur floskelhaft eine Äußerung zur bloßen **Beruhigung** der Gegenseite erfolgt, dann hat diese keinerlei Auswirkungen auf die Rechtslage oder die Verteilung der Beweislast.

Äußerung am Unfallort, dass kein Grund zur Aufregung bestehe, weil die Versicherung gewiss alles bezahlen werde.

Notizen